MÉTHODE

POUR FAIRE L'APPLICATION

DES

PRINCIPES DE LA GRAMMAIRE,

CONDAMNATIONS POUR DÉBIT DE CONTREFAÇONS
DES OUVRAGES DE MM. NOEL ET CHAPSAL.

———

JUGEMENT du Tribunal correctionnel d'Amiens, confirmé par arrêt de la Cour royale, qui condamne MM. BARBOU, imprimeurs-libraires, à Limoges, et consorts, à 3,000 fr. de dommages-intérêts pour débit de contrefaçons de la *Nouvelle Grammaire française*, des *Exercices français*, etc.

JUGEMENT de la Cour royale de Metz qui condamne M. MARTIAL ARDANT, imprimeur-libraire, à 3,000 fr. de dommages-intérêts envers M. Chapsal, à l'amende et aux frais.

JUGEMENT du Tribunal correctionnel de Paris, confirmé par arrêt de la Cour royale, qui condamne MM. BARBOU, imprimeurs, à Limoges, à 100,000 f. de dommages-intérêts pour contrefaçon de la *Nouvelle Grammaire française*, des *Exercices français*, etc.

ARRÊT de la Cour royale de Nîmes qui condamne M. DEVILLARIO, imprimeur-libraire à Carpentras, à 2,200 fr. d'amende, à 2,000 fr. de dommages-intérêts, et aux dépens, pour contrefaçon et débit de contrefaçon de la *Nouvelle Grammaire française*.

———

Les exemplaires voulus par la loi ont été déposés à la Direction de l'Imprimerie.

Les exemplaires non revêtus de la signature de l'un des deux auteurs seront réputés contrefaits, et tout contrefacteur ou débitant de contrefaçons de cet ouvrage sera poursuivi suivant la rigueur des lois.

noel

———

Paris. — Imprimerie de L. MARTINET, rue Mignon, 2.

MÉTHODE

POUR FAIRE L'APPLICATION

DES

PRINCIPES DE LA GRAMMAIRE,

AU MOYEN D'EXERCICES CONSTRUITS RÉGULIÈREMENT

PAR M. CHAPSAL,

PROFESSEUR DE GRAMMAIRE GÉNÉRALE,

ET

M. Ambroise RENDU fils.

PARIS,

MAIRE-NYON, libraire, quai Conti, 13.
RORET, libraire, rue Hautefeuille, 12.
L. HACHETTE et Cie, libraires, rue Pierre-Sarrazin, 12.
DELALAIN, libraire, rue des Mathurins-St-Jacques, 5.

1850

PRÉFACE.

—

Si la pratique doit toujours marcher de front avec la théorie, c'est principalement dans l'étude de la grammaire, dont les préceptes, généralement abstraits ont besoin que l'application, en leur donnant pour ainsi dire du corps, les rende plus accessibles à l'intelligence, et plus propres à laisser dans la mémoire des traces durables.

Cet accord de la théorie et de la pratique, devenu aujourd'hui la base de l'enseignement de la grammaire, est sans doute la cause à laquelle il faut attribuer les progrès que cet enseignement a faits chez nous depuis quelques années.

Les auteurs de la *Nouvelle grammaire française* (MM. Noël et Chapsal) sont les premiers qui soient entrés dans cette voie par la publication d'exercices progressifs composés de phrases rendues fautives, afin d'offrir à l'élève les moyens d'appliquer les règles.

Quoique ce mode d'application, extrêmement simple et facile, soit généralement adopté, des membres du corps enseignant ont témoigné le désir de voir mettre sous les yeux des élèves des exercices régulièrement construits.

C'est pour répondre à ce désir que nous avons composé la *Méthode d'application* que nous offrons au public.

Cette nouvelle méthode n'est autre chose que l'analyse de la phrase envisagée au point de vue des règles.

Une phrase régulière étant donnée, l'élève doit trouver la règle qui y a rapport, et expliquer d'une manière claire et précise comment la phrase s'y applique.

Pour rendre la solution de ce problème plus facile, nous avons eu soin de faire imprimer en caractères italiques les mots qui doivent appeler l'attention de l'élève, et de placer, à la suite de chaque phrase, une question qui précise la difficulté, et trace en quelque sorte le cercle dans lequel il doit se renfermer.

Au moyen de cette double précaution, le travail demandé à l'élève ne lui présente aucune difficulté sérieuse.

Un seul exemple suffira pour en fournir la preuve, et pour faire connaître tout à la fois la marche que nous avons suivie, et la manière dont l'élève doit procéder.

Soit cette phrase tirée de la *Nouvelle méthode d'application* (page 112) :

Les Chinois ne pensaient pas qu'ils *dussent* être un jour subjugués par les Anglais.

Pourquoi *qu'ils dussent* est-il au subjonctif et à l'imparfait de ce mode ?

Il est évident, si l'élève est convenablement pré-
paré par l'étude des règles, que sa réponse sera
celle-ci :

On emploie le *subjonctif* parce que le verbe qui précède
est accompagné d'une négation, et l'*imparfait* à cause de
l'imparfait *pensaient*.

Les avantages qu'offre cette *Méthode d'application* sont faciles à comprendre. En même temps
qu'elle oblige les élèves à étudier les règles, à les raisonner et à en rendre compte, elle contribue au dé-
veloppement de leur intelligence, elle donne de la
rectitude à leur esprit, et les accoutume à s'exprimer
avec clarté et avec précision. Un cours de grammaire
fait dans cet esprit peut être considéré comme un
cours de logique pratique.

Les maîtres apprécieront, nous n'en doutons pas,
le soin extrême avec lequel les exemples ont été
choisis, de manière à n'offrir à l'enfant que des idées
justes, des pensées morales, des notions utiles.

APPLICATION

DES

PRINCIPES DE LA GRAMMAIRE.

CHAPITRE PREMIER.

SYNTAXE DU SUBSTANTIF.

(Voy. *Nouvelle grammaire*, n° 338 et suivants.)

1. L'amour *divin* est de *tous* les amours celui qui nous conduit le plus sûrement au bonheur.

Pourquoi *divin* et *tous* sont-ils au masculin ?

2. Il n'est point d'*éternelles* amours.

Pour quelle raison *éternelles* est-il au féminin ?

5. C'est *un* délice de faire des heureux.

Pourquoi *un* est-il au masculin ?

4. Les délices du cœur sont plus *touchantes* que *celle* de l'esprit.

Pour quel motif *touchantes* et *celles* sont-ils au féminin ?

5. L'*excellent* orgue de Saint-Eustache a été détruit par le feu.

Quand le substantif *orgue* est-il du genre masculin ?

6. Les orgues les plus *belles* ne sont pas toujours les plus *harmonieuses*.

Dans quel cas *orgue* est-il du genre féminin ?

7. Il est permis de n'être pas *un* aigle, mais on doit avoir du bon sens.

Quand *aigle* est-il du genre masculin ?

1

8. Les *aigles* romaines, d'or ou d'argent, étaient placées au haut d'une pique.

Dans quel cas *aigle* est-il féminin ?

9. Après un bel été on a souvent un *automne* froid et pluvieux.

De quel genre est préférablement le substantif *automne?*

10. La pauvre glaneuse a ramassé dans sa journée *une couple* de gerbes.

Quand *couple* est-il du genre féminin ?

11. *Un couple* de pigeons est suffisant pour peupler une volière.

Dans quel cas *couple* est-il du genre masculin ?

12. Votre fils est *un enfant* sage et studieux.

Quand *enfant* est-il du genre masculin ?

13. Tout le monde s'accorde à dire que votre fille est *une enfant charmante.*

Dans quel cas *enfant* est-il du genre féminin ?

14. Presque *tous* les *enfants* sont *doués* de sensibilité.

Pour quelle raison *enfants* est-il ici du genre masculin?

15. Plus les *exemples* tombent de haut, plus *ils* font une impression profonde.

De quel genre est le substantif *exemple?*

16. Quand le sublime vient à éclater où il faut, il renverse tout comme la *foudre.*

Pourquoi *foudre* est-il du genre féminin ?

17. Mirabeau était un *foudre* d'éloquence.

Pour quelle raison *foudre* est-il du genre masculin ?

18. Les grands admirateurs sont pour la plupart de *sottes* gens.

Pourquoi l'adjectif *sottes* est-il au féminin ?

19. Les *gens heureux* ont généralement le caractère égal.

Pourquoi l'adjectif *heureux* est-il au masculin ?

20. *Tous* les *gens* avares ont l'âme étroite.

Pourquoi emploie-t-on *tous* au lieu de *toutes?*

21. *Tous* les *honnêtes gens* sont portés à favoriser un jeune homme instruit et modeste.

Pourquoi, dans cette phrase, fait-on usage également de *tous* au lieu de *toutes?*

22. Les *vrais gens* de lettres ont des sentiments élevés.

Pour quelle raison *vrais* est-il au masculin, quoiqu'il précède le substantif *gens?*

23. Nos plus *belles hymnes* datent des premiers temps du christianisme.

Dans quel cas *hymne* est-il du genre féminin?

24. Des *hymnes guerriers* chantés avant le combat enflammaient le courage des Grecs.

Pourquoi *hymnes* est-il ici du genre masculin?

25. Quand vous avez résolu *quelque chose*, exécutez-*le* promptement.

Pourquoi *quelque chose* est-il du masculin?

26. *Quelque chose* que fasse un homme en qui on a confiance, on est disposé à la trouver bien *faite*.

Pourquoi *quelque chose* est-il du féminin?

27. Les deux *Rousseau* étaient de grands écrivains.

Pourquoi le substantif propre *Rousseau* ne prend-il pas la marque du pluriel?

28. Les plus savants des hommes, les *Socrate*, les *Platon*, les *Newton* ont été aussi les plus religieux.

Pourquoi *Socrate*, *Platon*, *Newton* ne prennent-ils pas la marque du pluriel?

29. Les *Guises* ont joué un grand rôle dans notre histoire.

Pour quelle raison le nom propre *Guise* prend-il dans cette phrase une *s* au pluriel?

50. On trouve dans le monde littéraire mille *Cotins* pour un Boileau.

> Pourquoi le nom propre *Cotin* prend-il la marque du pluriel ?

51. On a fait des *quolibets* sur ces *opéras* dont les *duos* sont détestables.

> Expliquez pourquoi *quolibets*, *opéras*, *duos* adoptent le signe du pluriel.

52. Les *alinéas* trop multipliés nuisent à la liaison des idées. — Les *apartés* doivent être rares et courts.

> Dites pour quelle raison *alinéas* et *apartés* prennent la marque du pluriel.

53. Ils récitaient d'une voix monotone des *pater*, des *ave*, des *credo*.

> Pourquoi les substantifs *pater, ave, credo*, employés au pluriel, rejettent-ils le signe du pluriel ?

54. Les bons esprits préfèrent les *mezzo-termine* aux chances d'un procès.

> Pour quelle raison *mezzo-termine* rejette-t-il également la marque du pluriel ?

55. Les compositions musicales du XVIe et du XVIIe siècle excitent l'enthousiasme des *dilettanti* du XIXe.

> Pourquoi *dilettanti* ne prend-il pas une *s* au pluriel ?

56. Les *quand*, les *qui*, les *quoi* pleuvent de tous côtés.

> Dites pourquoi les mots *quand*, *qui*, *quoi* ne prennent pas la marque du pluriel.

57. C'est en Normandie qu'on voit des *basses-cours* riches et bien peuplées.

> Expliquez pourquoi le substantif composé *basses-cours* s'écrit ainsi au pluriel.

58. Les *blanc-seings* sont des armes perfides dans les mains d'un malhonnête homme.

> Pourquoi l'adjectif *blanc* reste-t-il au singulier ?

39. Les *loups-cerviers* du Canada sont plus petits que ceux de l'Europe.

> Expliquez la raison pour laquelle *cervier* prend la marque du pluriel, quoiqu'il ne soit pas adjectif.

40. Lyon, Bordeaux, Marseille, sont des *chefs-lieux* de préfecture très importants.

> Expliquez pourquoi le substantif composé *chefs-lieux* s'écrit ainsi au pluriel.

41. La paresse, plus que la maladie, peuple les *Hôtels-Dieu*.

> Pourquoi, dans ce substantif composé, le substantif *Dieu* rejette-t-il la marque du pluriel?

42. Si la religion était l'ouvrage de l'homme, ce serait le plus beau de ses *chefs-d'œuvre*.

> Expliquez pourquoi *chefs-d'œuvre* s'écrit ainsi au pluriel.

43. La plupart des gens font des *coq-à-l'âne* comme M. Jourdain faisait de la prose.

> Pourquoi dans *coq-à-l'âne* le substantif *coq* rejette-t-il la marque du pluriel?

44. Dans certaines contrées de l'Amérique, les sauvages se servent de massues qu'on appelle des *casse-tête*.

> Pourquoi le substantif composé *casse-tête* s'écrit-il ainsi?

45. On trouve à Madras un *gobe-mouches* qui ressemble beaucoup aux *gobe-mouches* du cap de Bonne-Espérance.

> Pour quelle raison, dans le substantif composé, le substantif *mouche* s'écrit-il ainsi tant au singulier qu'au pluriel?

46. Les plaintes et les murmures du peuple sont les *avant-coureurs* de la guerre civile.

> Expliquez pourquoi le substantif composé *avant-coureurs* s'écrit ainsi au pluriel.

47. Les bons exemples sont les *contre-poison* des mauvaises maximes.

> Dites pour quelle raison le substantif composé *contre-poison* ne prend pas la marque du pluriel.

48. Mes *arrière-neveux* me devront cet ombrage.

Pourquoi ce substantif composé s'écrit-il ainsi au pluriel?

49. Les *pince-sans-rire* sont des gens malins et sournois.

Pourquoi le substantif composé *pince-sans-rire* reste-t-il invariable au pluriel?

50. Les bonnes actions sont les *saufs-conduits* dont nous avons besoin pour passer dans l'autre monde.

Expliquez pourquoi le substantif composé *saufs-conduits* s'écrit ainsi au pluriel.

51. L'histoire ancienne nous offre de beaux traits d'amour *filial*.

Pourquoi *filial* est-il au masculin?

52. Napoléon a été *le* plus *grand* foudre de guerre des temps modernes.

Pourquoi mettez-vous *le* et *grand* au masculin?

53. N'écrivez pas des *in-folio* pour dire peu de choses, et ne mettez pas de *post-scriptum* à vos lettres, si elles sont adressées à des supérieurs.

Pourquoi *in-folio* et *post-scriptum* ne prennent-ils pas le signe du pluriel?

54. Les *vers-à-soie* nous ont été apportés d'Asie à l'époque des croisades.

Pourquoi *vers-à-soie* s'écrit-il ainsi au pluriel?

55. Les *Bourbons*, comme les *Stuarts*, ont subi plusieurs fois les rigueurs de l'exil.

Pourquoi les noms propres *Stuarts* et *Bourbons* prennent-ils ici le signe du pluriel?

56. *Ma chère* enfant, disait une mère à sa fille, sois toujours bonne et prête à obliger.

Pourquoi *ma* et *chère* sont-ils au féminin?

57. La myrrhe, l'encens sont des *gommes-résines*.

Pourquoi *gommes-résines* s'écrit-il ainsi au pluriel?

58. Les enfants, quoique *légers* et *étourdis*, sont capables d'une certaine application.

De quel genre le substantif *enfant* est-il au pluriel ?

59. Ceux qui prétendent être des *factotums* ne sont souvent bons à rien.

Pourquoi le mot *factotums* a-t-il le signe du pluriel ?

60. Turenne et Condé étaient deux *vrais* foudres de guerre.

Pour quelle raison *foudre* est-il du genre masculin ?

61. On se moque de l'enfant qui croit être *un* aigle parce qu'il a obtenu quelques succès dans ses études.

Pourquoi *un* est-il au masculin ?

62. Les enfants *attentifs* et *appliqués* deviennent presque toujours des hommes de mérite.

Pour quelle raison *attentifs* et *appliqués* sont-ils au masculin ?

63. Les siècles qui ont eu des *Mécènes* ont vu naître des *Virgiles*.

Pourquoi les noms propres *Mécènes* et *Virgiles* prennent-ils la marque du pluriel ?

64. Les courtilières ou *taupes-grillons* sont des insectes qui creusent la terre à la manière des taupes.

Pourquoi le substantif composé *taupes-grillons* s'écrit-il ainsi au pluriel ?

65. Des *semi-preuves* ne suffisent pas pour faire condamner un homme.

Pourquoi le substantif composé *semi-preuves* s'écrit-il ainsi au pluriel ?

66. Il y a au fond de la conscience *quelque chose* qui est plus *fort* que tous les sophismes par lesquels on cherche à se faire illusion sur une mauvaise action.

Pour quelle raison *quelque chose* est-il ici du masculin ?

67. Les *lazaroni* de Naples sont une population paresseuse et turbulente.

Pour quelle raison *lazaroni* ne prend-il pas la marque du pluriel?

68. Des *hymnes guerriers* se faisaient entendre avant la bataille.

Pourquoi *hymnes* est-il du genre masculin?

69. Le travail du printemps rend l'automne *productif*.

Pourquoi *productif* est-il au masculin?

70. On chante des *alleluia* en signe d'allégresse, et des *miserere* dans les jours de tristesse et de pénitence.

Pourquoi n'écrivez-vous pas *alleluia*, *miserere* avec le signe du pluriel?

71. Les *quasi-délits* ne supposent pas l'intention de nuire.

Pourquoi *quasi délits* s'écrit-il ainsi au pluriel?

72. Les succès faciles, mais de mauvais aloi, suffisent malheureusement à *certains gens* de lettres.

Dites pour quelle raison *certains*, quoique placé devant le mot *gens*, est au masculin.

73. Dès qu'on le touche, il crie comme *un* aigle.

Quand *aigle* est-il du genre masculin?

74. Cet insensé a perdu sa fortune à la loterie, attendant toujours de bons *numéros* qui n'arrivaient jamais.

Pourquoi le substantif *numéros* prend-il le signe du pluriel?

75. Le paratonnerre a été inventé par l'Américain Franklin pour nous préserver des atteintes de *la foudre échappée* du sein des nuages.

Pourquoi *foudre* est-il du genre féminin?

76. Nous avons maintenant en France des orgues aussi *bonnes* que *celles* de Fribourg ou de Harlem.

Pourquoi *bonnes* et *celles* sont-ils au féminin?

77. Ces deux *opéras* ont été accueillis par des *bravos* unanimes.

Pourquoi les substantifs *opéras* et *bravos* prennent-ils la marque du pluriel?

78. Tous les voyageurs doivent se munir de *passe-port.*

Dites pourquoi le substantif composé *passe-port* ne prend pas la marque du pluriel.

79. Qu'il est triste de voir des enfants ne pas répondre à l'amour *paternel!*

Pour quelle raison met-on *paternel* au masculin?

80. Il n'est guère de pays qui n'ait eu ses *Nérons.*

Pourquoi mettez-vous le nom propre *Néron* au pluriel?

81. Les *ciels-de-lit* servent à suspendre les rideaux.

Expliquez pour quel motif le substantif composé *ciels-de-lit* s'écrit ainsi au pluriel.

82. Les *abat-jour* soulagent la vue en diminuant la vivacité de la lumière.

Pourquoi écrivez-vous de cette manière *abat-jour* au pluriel?

83. Dans les *concertos* de ce compositeur, les chœurs sont, au dire des *dilettanti,* bien supérieurs aux *solos,* aux *duos* et aux *trios.*

Pourquoi les mots *concerto, duo, trio* prennent-ils le signe du pluriel, et pourquoi *dilettanti* ne le prend-il pas?

84. Outre les *grandes* orgues *placées* à demeure, on construit aujourd'hui de *petites* orgues *portatives.*

Dans quel cas le substantif *orgues* est-il du genre féminin?

85. Les *belles de-nuit* se ferment tout le jour.

Dites pour quelle raison on écrit ainsi *belles-de-nuit* au pluriel.

86. L'enfant *soumis* et *obéissant* est agréable à Dieu et à ses parents.

Quand *enfant* est-il du genre masculin?

1.

87. Ce sont les *avant-gardes* qui reçoivent le premier choc des ennemis.

Dites pourquoi le substantif composé *avant-gardes* s'écrit de cette manière au pluriel.

88. Les gens aisés ont à la ville des *pied-à-terre.*

Pourquoi le substantif composé *pied-à-terre* ne prend-il pas la marque du pluriel?

89. Les *Vincent de Paul* et les *Fénelon* doivent à leurs vertus une gloire plus belle et plus pure que celle que les *César* et les *Alexandre* doivent à leurs exploits guerriers.

Pourquoi *Vincent, Fénelon, César* et *Alexandre* ne prennent-ils pas la marque du pluriel?

90. Nous avons souvent en France *un bel* automne.

De quel genre est préférablement le substantif *automne?*

91. Il y a plus d'épanchement dans les *tête-à-tête* que dans les réunions nombreuses.

Expliquez pour quel motif le substantif composé *tête-à-tête* s'écrit ainsi au pluriel.

92. L'aîné des deux *Corneille* était un bien plus grand poëte que son frère.

Pourquoi *Corneille* ne prend-il pas la marque du pluriel?

95. Les *chevau-légers* faisaient partie de la garde du roi.

Pourquoi le substantif composé *chevau-légers* s'écrit-il ainsi au pluriel?

94. On appelle orgue *expressif celui* dont les tons peuvent recevoir une expression variée.

Dites pourquoi vous mettez *expressif* et *celui* au masculin.

95. On appelle *coq-à-l'âne* des discours qui n'ont ni suite ni raison.

Dites pourquoi *coq-à-l'âne* s'écrit ainsi au pluriel.

96. Les *chauves-souris* passent l'hiver dans le sommeil.

Pour quelle raison *chauves-souris* s'écrit-il ainsi au pluriel?

97. **Ne demandez jamais à Dieu** *quelque chose* **qui ne soit ni** *bon* **ni raisonnable.**

Pourquoi *quelque chose* est-il du genre masculin dans cette phrase ?

98. **La vie de saint Louis est** *un hymne* **à la louange de la religion chrétienne.**

Quand *hymne* est-il du genre masculin ?

99. **Les** *vrais gens* **de bien écoutent toujours la voix de leur conscience.**

Pourquoi *vrai* est-il au masculin, quoiqu'il précède le mot *gens* ?

100. **Si la France n'a pas eu ses** *Raphaëls*, **l'Italie n'a pas eu ses** *Racines*.

Pourquoi mettez-vous les noms *Raphaël* et *Racine* au pluriel ?

101. **Dans un grand nombre de villes, la France n'est représentée que par des** *vice-consuls*.

Pourquoi *vice-consuls* s'écrit-il ainsi au pluriel ?

102. **Ne vaut-il pas mieux faire des devoirs aux heures de travail que des** *pensums* **aux heures de récréation, et avoir des** *satisfécits* **que de mauvaises notes.**

Pour quelle raison *pensums* et *satisfécits* ont-ils le signe du pluriel ?

103. **Dieu a béni leurs** *saintes* **et** *mutuelles* **amours.**

Pourquoi *saintes* et *mutuelles* sont-ils au féminin ?

104. **Deux amis mettent** *tout* **leur délice à vivre ensemble.**

Pourquoi mettez-vous *tout* au masculin ?

105. **Les** *gommes-guttes* **s'emploient en médecine comme purgatif.**

Pourquoi *gommes-guttes* s'écrit-il ainsi au pluriel ?

106. **Celui qui préfère ses devoirs à son intérêt, a l'estime de** *tous* **les honnêtes gens.**

Pourquoi emploie-t-on *tous* au lieu de *toutes*

107. Il y a quelque chose de plus admirable dans la structure d'un petit insecte que dans tous les *chefs-d'œuvre* de l'homme.

Pourquoi le substantif composé *chefs-d'œuvre* est-il ainsi écrit au pluriel?

108. Les enfants ne doivent jamais répondre par des *non*, des *si* et des *car* aux observations de leurs parents ou de leurs maîtres.

Pour quelle raison les mots *non*, *si*, *car*, n'ont-ils pas le signe du pluriel?

109. Les *œils-de-bœuf* de la cour du Louvre sont ornés de sculptures.

Pour quelle raison le substantif composé *œils-de-bœuf* se met-il ainsi au pluriel?

110 Notre-Seigneur a comparé l'amour de Dieu pour les hommes à l'amour *maternel*, qui est le plus fort de *tous* les amours *humains*.

Pourquoi mettez-vous au masculin *maternel*, *tous* et *humains*?

111. Ne fais pas de mal aux pauvres *rouges-gorges* qui entrent l'hiver dans les maisons.

Pourquoi le substantif composé *rouges-gorges* s'écrit-il de la sorte au pluriel?

112. Ne jugez personne sur des *on-dit*.

Pourquoi le mot *on-dit* n'a-t-il pas le signe du pluriel?

113. Les rois de l'Orient se plongeaient dans de honteuses délices.

Dites pour quelle raison *honteuses* est au féminin.

114. *Tous* les *gens* égoïstes devraient être bannis de la société.

Pourquoi met-on *tous*, et non pas *toutes*?

115. On appelle *passe-partout* des clefs qui ouvrent différentes serrures.

Dites pourquoi le substantif composé *passe-partout* ne prend pas d'*s* au pluriel.

116. Louise est *une* enfant *douce et complaisante.*

Pourquoi enfant est-il dans cette phrase du genre féminin ?

117. La loi punit sévèrement ceux qui abusent des *blanc seings.*

Pour quelle raison *blanc-seings* s'écrit-il de cette manière au pluriel ?

118. Napoléon a promené ses aigles *victorieuses* dans tous les pays de l'Europe.

Dans quel cas *aigle* est-il féminin ?

119. Les petits enfants sont pour leurs mères de vrais *réveille-matin.*

Pourquoi *réveille-matin* ne prend-il pas le signe du pluriel ?

120. Les *qui* et les *que* embarrassent la phrase. On doit les répéter le moins possible.

Dites pourquoi les mots *qui* et *que* ne prennent pas la marque du pluriel.

121. L'homme tempérant et sage voit ses *arrière-petits-fils.*

Expliquez pourquoi le substantif composé *arrière-petits-fils* s'écrit de cette façon au pluriel.

122. Copiez avec soin *tous* ces *beaux* exemples d'écriture.

Pourquoi mettez-vous *tous* et *beaux* au masculin ?

123. *Quelles* délices plus *grandes* pour le riche que de secourir le pauvre !

Pourquoi *quelles* et *grandes* sont-ils au féminin ?

124. Sous Louis XIII les rues de Paris étaient de véritables *coupe-gorge.*

Dites pour quel motif *coupe-gorge* s'écrit ainsi au pluriel.

125. Cet *heureux* couple vient au pied des autels demander à Dieu de le bénir.

Dans quel cas le mot *couple* est il du genre masculin ?

126. Les *bonnes gens* valent mieux que les gens *spirituels.*

Pourquoi *bonnes* est-il au féminin et *spirituels* au masculin?

127. Les personnes prudentes prennent toujours dans leurs calculs un milieu entre les *maximum* et les *minimum.*

Pourquoi les mots *maximum* et *minimum* n'ont-ils pas le signe du pluriel?

128. Chacun apprécie les *gens complaisants.*

Pourquoi l'adjectif *complaisants* est-il au masculin?

129. Les *aides-de-camp* portent de tous côtés les ordres des généraux.

Dites pour quelle raison ce substantif composé s'écrit de cette manière au pluriel.

130. *Un* couple de pigeons bien nourris produit cinq ou six fois par an *une* couple d'œufs.

Pourquoi mettez-vous *un* au masculin dans le premier cas, et *une* au féminin dans le second?

131. Le poète Santeuil a composé de fort *belles hymnes.*

Dans quel cas *hymne* est-il du genre féminin?

132. Les *choux-fleurs* sont un légume fort délicat.

Pour quelle raison *choux-fleurs* se met-il de la sorte au pluriel?

133. *Quelque chose* qu'on lui demande, cet homme obligeant ne *la* refuse jamais.

Pourquoi *quelque chose* est-il féminin dans la phrase qui précède?

134. *La* foudre est *dangereuse*, surtout pour les édifices élevés et les grands arbres isolés dans la campagne.

Pourquoi *foudre* est-il du genre féminin?

135. Rien n'est plus pernicieux que les *mauvais* exemples : malheur à celui qui en donne de *pareils!*

De quel genre est le substantif *exemple?*

136. L'illustre Bossuet faisait retentir la chaire de *toutes* les foudres de l'éloquence.

Pour quelle raison *foudre* est-il du genre féminin ?

137. Les *fourmis-lions* creusent dans le sable un entonnoir où tombent les insectes dont ils font leur proie.

Pourquoi *fourmis-lions* s'écrit-il ainsi au pluriel ?

138. C'est *un grand* délice que d'être utile à ses semblables.

Par quel motif *un* et *grand* sont-ils au masculin ?

139. Le chant des *hymnes sacrées* élève l'âme vers Dieu.

Pourquoi mettez-vous l'adjectif *sacrées* au féminin ?

140. Les *oiseaux-mouches* défendent leurs petits avec une grande intrépidité.

Pourquoi écrivez-vous ainsi au pluriel le substantif composé *oiseaux-mouches?*

141. Ces *excellentes gens* sont toujours *disposés* à secourir les malheureux.

Pourquoi *excellentes* est-il au féminin et *disposés* au masculin ?

142. Au lieu des *bonis* qu'on avait fait espérer, cette entreprise n'a présenté pour *reliquats* que des *déficits*.

Dites pourquoi *bonis, reliquats, déficits* prennent le signe du pluriel.

143 Le président est remplacé en son absence par l'un des *vice-présidents*.

Dites pourquoi le substantif composé *vice-présidents* s'écrit de cette manière au pluriel.

144. *Quelque chose* que vous ait *dite* un ami dans le but de vous être utile, ne *la* recevez jamais avec humeur.

Dans quel cas *quelque chose* est-il du féminin ?

145. L'orgue, *inventé* en Orient, est *connu* en France depuis plus de mille ans.

Quand le substantif *orgue* est-il du genre masculin ?

146. On appelle *grands-ducs* des *chats-huants* ou hiboux de forte taille.

> Pourquoi les substantifs composés *grands-ducs* et *chats-huants* prennent-ils ainsi le signe du pluriel?

147. *Toutes* les *vieilles gens* ont droit à nos égards.

> Pourquoi *toutes* et *vieilles* sont-ils au féminin ?

148. Au moyen des *porte-voix* on peut se parler en mer à une grande distance.

> Pourquoi le substantif composé *porte-voix* s'écrit-il ainsi au pluriel ?

149. Les enfants *studieux* et *appliqués* à leurs devoirs se préparent une vie heureuse et honorable.

> Pourquoi *enfants* est-il du genre masculin ?

150. L'homme franc et loyal n'a jamais d'*arrière-pensées*.

> Pourquoi le substantif composé *arrière-pensées* est-il écrit ainsi au pluriel ?

151. La vue des *arcs-en-ciel* doit vous rappeler les promesses que Dieu a faites à Noé.

> Pour quelle raison le substantif composé *arcs-en-ciel* s'écrit-il ainsi au pluriel ?

152. Les *Cicéron* et les *Démosthène* ont dû à leur éloquence une grande influence dans leur pays.

> Pourquoi *Cicéron* et *Démosthène* ne prennent-ils pas la marque du pluriel ?

153. Il est honteux de s'abandonner à de *folles* amours.

> Pour quelle raison *folles* est-il au féminin ?

154. Les *poissons-volants* s'élancent hors de l'eau pour échapper à leurs ennemis.

> Pour quelle raison écrit-on ainsi *poissons-volants* au pluriel?

155. Il faut savoir donner à propos des *pour-boire*.

> Pourquoi *pour-boire* ne prend-il pas le signe du pluriel?

156. Nos *pianos* sont plus harmonieux que les clavecins d'autrefois.

Pourquoi le substantif *pianos* prend-il la marque du pluriel?

157. Le coq gaulois a remplacé sur nos drapeaux l'*aigle impériale.*

Pourquoi mettez-vous *impériale* au féminin?

158. C'est un petit mérite que de savoir faire agréablement des *impromptus.*

Pourquoi le substantif *impromptus* prend-il la marque du pluriel?

159. *Quelle gracieuse enfant* que votre fille!

Pourquoi *quelle* et *gracieuse* sont-ils au féminin?

CHAPITRE II.

SYNTAXE DE L'ARTICLE.

(Voy. *Nouvelle grammaire*, n° 363 et suivants.)

1. *Les* arbres sont l'ornement de la campagne.

Pourquoi emploie-t-on l'article devant le substantif *arbres* (a) ?

2. *Les* merveilles de la nature étonnent l'imagination.

Pourquoi fait-on usage de l'article devant le substantif *merveilles* (b) ?

(a) *Explication.* L'emploi de l'article ayant lieu devant tous les substantifs communs dont la signification est déterminée, c'est-à-dire qui désignent ou un genre, ou une espèce, ou un individu particulier, l'article s'emploie devant le substantif *arbres* qui désigne un genre. c'est-à-dire tous les arbres.

(b) L'explication commence comme la précédente, et se termine ainsi : l'article s'emploie devant le substantif *merveilles*, par la raison qu'il désigne une espèce, c'est-à-dire une certaine quantité de merveilles formant une collection totale.

5. Dieu est *l'*auteur de toutes choses.

Pourquoi le substantif *auteur* est-il précédé de l'article (*a*)?

4. Il y a dans les ouvrages de Buffon *du* nerf, *de la* grâce et *des* pensées admirables.

Pourquoi emploie-t-on *du, de la, des* devant les substantifs *nerf, grâce, pensées?*

5. La vie est un journal où l'on ne doit écrire que *de* bonnes actions.

Pour quelle raison supprime-t-on l'article et emploie-t-on simplement *de* devant le substantif partitif *actions?*

6. Il y a du mérite à dire *des* bons mots quand ils ne blessent personne.

Pour quel motif emploie-t-on *des* et non pas *de* devant le substantif partitif *mots* précédé d'un adjectif?

7. Un homme sans *mémoire* est comme une plaine de *sable* où les traces s'effacent avec *rapidité.*

Pourquoi n'emploie-t-on pas l'article devant les substantifs *mémoire, sable, rapidité* (*b*)?

8. Un grand nombre *de personnes* spirituelles sont dépourvues de bon sens.

Pourquoi le substantif *personnes* n'est-il pas précédé de l'article?

9. Peu *de gens* comprennent le prix du temps.

Pour quelle raison ne met-on pas l'article devant le substantif *gens?*

(*a*) *Explication.* Commencer comme ci-contre, et ajouter : l'article s'emploie devant le substantif *auteur*, attendu qu'il désigne un individu particulier, c'est-à-dire un être unique.

(*b*) *Explication.* Les substantifs *mémoire, sable, rapidité* rejettent l'article, parce qu'ils ne désignent ni un genre, ni une espèce, ni un individu particulier; ils sont employés dans un sens tout-à-fait vague, tout-à-fait indéterminé.

10. Un grand nombre *des personnes* que vous connaissiez ont quitté la ville.

Pourquoi le substantif *personnes*, complément d'un collectif, est-il précédé de l'article ?

11. Peu *des* gens qui comprennent le prix du temps ont le courage de l'employer utilement.

Pour quelle raison le substantif *gens*, complément d'un adverbe de quantité, prend-il l'article ?

12. Il n'est que trop vrai que l'homme malheureux ne possède pas d'*amis*.

Pour quel motif le substantif *amis* n'est-il pas précédé de l'article ?

13. Confiants dans la bonté et dans la sagesse de Dieu, ne formons jamais *des vœux* téméraires (ou *des vœux* qui soient téméraires).

Pourquoi le substantif *vœux* prend-il l'article malgré la négation qui accompagne le verbe ?

14. Les hommes instruits sont presque toujours *les plus modestes*.

Pourquoi dit-on *les plus modestes*, et non pas *le plus modestes* ?

15. Les hommes pleurent rarement, lors même qu'ils sont *le plus* affligés.

Pourquoi dit-on *le plus affligés*, et non pas *les plus affligés* ?

16. Les gens qu'on recherche *le plus* sont ceux qui choquent *le moins* l'amour-propre des autres.

Pourquoi dit-on *le plus*, *le moins*, et non pas *les plus*, *les moins* ?

17. On récompense les élèves qui se conduisent *le plus* sagement.

Pourquoi dit-on *le plus*, et non pas *les plus* ?

18. *Les pères* et *les mères* ne désirent que le bonheur de leurs enfants.

Pourquoi dit-on *les pères et les mères*, et non pas *les pères et mères* ?

19. On juge des hommes d'après *les* bonnes et *les* mauvaises actions qui leur sont attribuées.

Pourquoi répète-t-on l'article *les* devant les adjectifs *bonnes* et *mauvaises?*

20. Les *hautes* et *superbes* pyramides d'Égypte ont défié la puissance du temps.

Pourquoi ne met-on pas l'article *les* devant chacun des adjectifs *hautes* et *superbes?*

21. Un homme plein d'*égoïsme* et de *vanité* est un objet d'*aversion* pour ceux qui vivent en *société* avec lui.

Pourquoi n'emploie-t-on pas l'article devant les substantifs *égoïsme, vanité, aversion, société?*.

22. Je ne vous adresserai pas *des* paroles sévères, quoique vous ayez excité mon mécontentement.

Expliquez pour quelle raison l'article précède le substantif *paroles,* complément direct d'un verbe actif accompagné d'une négation.

23. *Les* étoiles étincellent d'une lumière qui leur est propre.

Pourquoi l'article est-il employé devant le substantif *étoiles?*

24. Le *long* et *gros* bec du toucan lui permet de chercher les insectes dans les sables humides.

Pourquoi ne répète-t-on pas l'article devant les adjectifs *long* et *gros?*

25. Il vaut mieux faire *de* bonnes actions que de dire *des* bons mots.

Pourquoi emploie-t-on *de* devant le substantif partitif *actions* et *des* devant le substantif partitif *mots?*

26. Les hommes *les plus savants* ont été *les plus religieux.*

Pourquoi dit-on *les* plus savants, *les* plus religieux, et non pas *le* plus savants, *le* plus religieux?

27. Les gens qu'on flatte *le moins* sont ceux qu'on estime *le plus*.

Pourquoi emploie-t-on *le moins*, *le plus*, et non pas *les moins*, *les plus*?

28. Le financier avait des richesses et n'avait point *de gaieté*; le savetier ne possédait pas *d'argent*, mais il était toujours de bonne humeur.

Pourquoi les substantifs *gaieté* et *argent* ne sont-ils pas précédés de l'article?

29. *Les* grandes et *les* petites créatures sont également l'objet des soins de la Providence.

Pourquoi répète-t-on l'article *les* devant les adjectifs *grandes* et *petites*?

50. Ba'zac et Voiture étaient *des beaux esprits*; Bossuet et Corneille étaient *des grands hommes*.

Pourquoi employez-vous *des* et non pas *de* devant les substantifs partitifs *esprits* et *hommes*, bien que précédés d'un adjectif?

51. Jusqu'à l'âre de sept ans, l'enfant, chez les Spartiates, était laissé aux soins *du* père et de *la* mère.

Pourquoi ne doit-on pas dire aux soins *des* père et mère?

52. Les élèves *les plus* laborieux finissent toujours par réussir *le mieux*.

Pourquoi dites-vous *les plus* et *le mieux*, et non pas *le plus*, *les mieux*?

55. *D'*immenses vapeurs s'élèvent des eaux pour fertiliser la terre.

Pourquoi ne fait-on pas usage de l'article contracté *des* devant le substantif partitif *vapeurs*?

54. Avec *de la volonté* et *du courage* on triomphe de toutes les difficultés.

Dites pourquoi l'on met *de la*, *du* devant les mots *volonté*, *courage*.

35. Je plains celui qui n'a pas *de* plaisir à obliger.

> Pourquoi ne met-on pas l'article contracté *du* devant le
> substantif *plaisir?*

36. *Les plantes* ont été créées avant *les animaux* pour
leur servir de nourriture.

> Pourquoi emploie-t-on l'article devant les substantifs
> *plantes* et *animaux?*

37. Il vaut mieux faire un peu *de bien* que de dire beaucoup *de paroles* souvent inutiles.

> Pourquoi ne met-on pas l'article devant les substantifs *bien*
> et *paroles?*

38. *Les* bons et *les* mauvais exemples ont une grande
influence sur la vie des hommes.

> Pourquoi faut-il répéter l'article *les* devant les adjectifs
> *bons* et *mauvais?*

39. On traite *avec indulgence* l'enfant qui est *en faute*,
s'il se repent *avec sincérité.*

> Pourquoi les substantifs *indulgence, faute, sévérité* ne sont-
> ils pas précédés de l'article ?

40. Combien *de* maux Job savait supporter, et que *de*
patience il montrait dans ses souffrances!

> Pourquoi les substantifs *maux* et *patience* ne sont-ils pas
> précédés de l'article ?

41. *Les* religieuses des hôpitaux soignent les malades
avec un zèle admirable.

> Pourquoi fait-on usage de l'article devant le substantif *reli-*
> *gieuses ?*

42. Les éloges excessifs ne plaisent pas, lors même qu'ils
sont *le plus vrais.*

> Expliquez pour quelle raison on dit *le* plus vrais, et non pas
> *les* plus vrais.

43. Il faut que *les* prix et *les* récompenses soient distri-
bués avec équité pour exciter le zèle.

> Expliquez pourquoi on ne dirait pas : *Il faut que les prix*
> *et récompenses soient*, etc.

44. Cet enfant n'a pas mérité *de* récompenses dans ses études et n'a pas donné *de* satifaction à ses parents.

Pourquoi ne met-on pas d'article devant les mots *récompenses* et *satisfaction?*

45. Ne lisez jamais que *de bons livres.*

Pourquoi supprime-t-on l'article devant le substantif partitif *livres?*

46. L'enfant diligent met *du soin* et *de l'activité* à faire ses devoirs.

Pourquoi emploie-t-on *du, de la* devant les substantifs *soin, activité?*

47. Il oublie beaucoup *des* bonnes œuvres qu'il a faites.

Pourquoi le substantif *œuvres*, complément d'un adverbe de quantité, est-il précédé de l'article?

48. *Les* éminents et universels talents de l'empereur Napoléon en ont fait le plus grand homme des temps modernes.

Pourquoi ne répète-t-on pas l'article *les* devant chacun des adjectifs *éminents* et *universels?*

49. Les gens qui parlent *le moins* d'eux-mêmes sont ceux qu'on apprécie *le plus.*

Pour quelle raison dit-on *le moins, le plus,* et non *les moins. les plus?*

50. *La* Providence veille sur *la* créature la plus humble comme sur la plus magnifique.

Pourquoi mettez-vous l'article devant *Providence* et *créature?*

51. On doit toujours, à la guerre, épargner *les* vieillards, *les* femmes et *les* enfants.

Pourquoi faut-il dire, *les vieillards, les femmes et les enfants,* et non *les vieillards, femmes et enfants?*

52. Il est juste que *des grands seigneurs* donnent *de* grands exemples.

Pourquoi emploie-t-on *des* devant *grands seigneurs* et *de* devant *grands exemples?*

53. Mes amis, exprimez-vous toujours *le plus* simplement possible ; vous n'en serez que mieux écoutés.

Expliquez pourquoi on dit *le plus*, et non *les plus*.

54. Quand on a *de la* charité et *du* dévouement, on trouve toujours moyen d'être utile à ses semblables, même quand on n'a que *des* ressources très modiques.

Pour quelle raison emploie-t-on *de la, du, des* devant les substantifs *charité, dévouement, ressources*?

55. Le jeune étourdi épuise ses forces au moment où elles lui sont *le plus* nécessaires.

Pourquoi dit-on *le plus nécessaires*, et non *les plus nécessaires*?

56. Un frère aîné ne doit donner à son jeune frère que *d'utiles exemples*.

Dites pour quelle raison on supprime l'article et l'on emploie simplement la préposition *de* devant le substantif partitif *exemples*.

57. Le moyen d'être heureux est de ne pas avoir *des* désirs impossibles à satisfaire.

Pourquoi le substantif *désirs* est-il précédé de *des*, malgré la négation qui accompagne le verbe ?

58. Notre-Seigneur a été abandonné par un grand nombre *des* disciples qui l'avaient suivi d'abord.

Dites pour quelle raison on emploie l'article devant le substantif *disciples*, quoiqu'il soit le complément d'un collectif.

59. Parmi les œuvres de la création on ne sait quelles sont celles qui sont *les plus* admirables.

Pourquoi met-on *les plus* admirables, et non pas *le plus* admirables ?

60. *Les* hommes qui oublient Dieu sont pires que *les* brutes.

Pourquoi fait-on usage de l'article devant les substantifs *hommes* et *brutes* ?

61. L'affection qui lie *les* frères et *les* sœurs doit les porter à s'entr'aider.

Expliquez pourquoi on dit *les* frères et *les* sœurs, et non pas *les* frères et sœurs.

CHAPITRE III.

SYNTAXE DE L'ADJECTIF QUALIFICATIF.

(Voy. *Nouvelle grammaire*, nº 375 et suivants.)

1. *Bon* et *généreux*, on se fait aisément aimer.

Pourquoi ne dirait-on pas : BON et GÉNÉREUX, *il est aisé d'être aimé* (a) ?

2. Quand il était, ou bien quand vous étiez *riche* ou *pauvre*, il vous a toujours aimé.

Pourquoi ne dirait-on pas : RICHE ou PAUVRE, *il vous a toujours aimé* (b)?

3. Un *joli* jardin, une *charmante* habitation, de *bons* amis et des lectures *instructives* font le charme de la vie.

Expliquez l'accord des adjectifs *joli*, *charmante*, *bons* et *instructives* avec les substantifs qu'ils qualifient.

4. Son savoir et son mérite sont *surprenants*.

Expliquez pourquoi *surprenants* est au masculin et au plur.

5. L'orgueil aveugle se suppose une sagesse et un mérite *excessifs*.

Pourquoi ne dirait-on pas *un mérite et une sagesse excessifs?*

(a) *Explication*. Tout adjectif qualificatif doit toujours se rapporter à un mot énoncé dans la phrase. Dans la phrase régulière, *bon et généreux* se rapportent à *on*; dans la phrase fautive, ils ne se rapportent à aucun mot qui y soit énoncé.

(b) *Explication*. Tout adjectif qualificatif doit toujours se rapporter sans équivoque à un mot exprimé dans la phrase. Dans la phrase correcte, *riche, pauvre* se rapportent clairement à *il* ou à *vous*, selon le sens qu'on veut exprimer; dans la phrase irrégulière, on ne sait si le rapport a lieu avec *il* ou avec *vous*.

2

6. Un grand homme exerce sur le vulgaire un pouvoir, un ascendant *irrésistible.*

Pourquoi l'adjectif *irrésistible* s'accorde-t-il avec le dernier substantif?

7. La Fontaine ravit par le naturel ou la grâce *inimitable* de son style.

Pourquoi l'adjectif *inimitable* s'accorde-t-il avec le dernier substantif?

8. Les enfants, à la campagne, vont *nu*-pieds et *nu*-tête.

Pourquoi l'adjectif *nu* est-il invariable?

9. Saint Louis porta la couronne d'épines, pieds *nus* et tête *nue*, depuis le bois de Vincennes jusqu'à Notre-Dame.

Pourquoi l'adjectif *nu* est-il variable?

10. Une *demi*-heure mal employée peut nous conduire à notre perte.

Pour quelle raison l'adjectif *demi* reste-t-il invariable?

11. La guerre a ravagé ce pays pendant deux années et *demie.*

Pourquoi l'adjectif *demie* est-il au féminin singulier?

12. Deux *demies* égalent quatre quarts.

Pourquoi *demies* prend-il la marque du pluriel?

13. *Feu* votre mère a toujours secouru les malheureux.

Pour quelle raison l'adjectif *feu* reste-t-il invariable?

14. Votre *feue* sœur vous aimait bien tendrement.

Pourquoi l'adjectif *feue* s'accorde-t-il?

15. La vie est un prêt dont souvent on paie *cher* les intérêts.

Pour quel motif l'adjectif *cher* reste-t-il invariable?

16. Il faut vivre longtemps avec les enfants *sourds-muets* pour les comprendre facilement.

Expliquez pourquoi les deux mots qui composent l'adjectif *sourds-muets* prennent l'accord.

17. L'éléphant a des soies très *clair-semées* sur le corps.

Dites pourquoi dans *clair-semées* l'adjectif *clair* est invariable.

18. Les gens *mal-avisés* font tout à contre-temps.

Expliquez pourquoi l'adjectif composé *mal-avisés* s'écrit ainsi.

19. *La nation* anglaise et *la* française ont été témoins de révolutions sanglantes.

Pourquoi ne dirait-on pas *les nations* anglaise et française ont été, etc. (*a*) ?

20. La France *du dix-septième* et *du dix-huitième siècle* a exercé dans le monde une immense influence.

Pourquoi ne doit-on pas dire : La France *des* dix-septième et dix-huitième *siècles*, etc. (*b*) ?

21. Les couleurs *bleu-clair* sont promptement ternies par le soleil.

Pourquoi les adjectifs *bleu-clair* restent-ils invariables ?

22. Que je plains celui qui pense qu'on *ne peut lui pardonner*.

Pourquoi n'est-il pas permis de dire : Que je plains celui qui pense qu'il est *impardonnable*?

23. La perte d'une personne chérie cause souvent une douleur qu'*on ne saurait consoler*.

Pourquoi ne dit-on pas une *douleur inconsolable*?

(*a*) *Explication.* L'adjectif reçoit la loi du substantif et ne la lui fait jamais. C'est comme s'il y avait : *La nation anglaise et la* (*nation*) *française ont été témoins*, etc. Il est évident que le substantif *nation* exprimé doit être au singulier, malgré les adjectifs qualificatifs qui l'accompagnent.

(*b*) *Explication.* L'adjectif reçoit la loi du substantif et ne la lui fait jamais. La phrase équivaut à celle-ci : *La France du dix-septième* (*siècle*) *et du dix-huitième siècle*. D'où il suit que le substantif énoncé *siècle* doit être au singulier, et non pas au pluriel.

24. Un homme *sensible aux louanges* et qui *en* est *avide* fait rarement ce qu'il faudrait pour les mériter.

> Pourquoi ne dit-on pas : Un homme *sensible et avide de louanges...* , en ne donnant qu'un seul complément aux deux adjectifs ?

25. Il réunit en lui l'humilité et la simplicité *chrétiennes.*

> Expliquez l'accord de l'adjectif *chrétiennes.*

26. Combien faut-il de *demies* pour faire un entier ?

> Pourquoi *demies* s'écrit-il de cette manière ?

27. Votre *feue* tante vous a élevés avec la tendresse d'une mère.

> Pour quelle raison l'adjectif *feue* s'accorde-t-il ?

28. L'architecture romane et *la* byzantine ont précédé l'architecture gothique.

> Pourquoi ne peut-on pas dire : *Les architectures romane et byzantine?*

29. Il a une habileté ou un bonheur *inouï.*

> Pour quelle raison l'adjectif *inouï* est-il au masculin et au singulier?

30. C'est dans le quatrième et le cinquième *siècle* après J.-C. qu'ont brillé les plus illustres docteurs de l'Église.

> Pourquoi n'écrivez-vous pas *les quatrième et cinquième siècles?*

31. Les parents ont pour leurs enfants une tendresse, un amour *infini.*

> Pourquoi l'adjectif *infini* est-il au masculin et au singulier?

32. Philippe de Macédoine montra, en montant sur le trône, une prudence et un courage *surprenants.*

> Expliquez pourquoi on ne dirait pas *un courage et une prudence surprenants.*

33. Néron avait les cheveux *châtain-clair,* les yeux *bleu-foncé* et la vue basse.

> Expliquez pourquoi les adjectifs *châtain-clair* et *bleu-foncé* sont invariables.

54. Qu'il est malheureux, celui qui n'est pas *excusable* à ses propres yeux.

Pourquoi ne doit-on pas dire celui qui n'est pas *pardonnable* à ses propres yeux?

55. Celui qui ne sait pas obéir n'est ni *digne de commander*, ni *propre au commandement*.

Expliquez pourquoi on ne doit pas dire : Celui qui ne sait pas obéir n'est ni *digne* ni *propre à commander*.

56. *Amis* ou *ennemis*, le Français vainqueur recueille et soigne également tous les blessés.

Pourquoi ne dirait-on pas : Amis ou ennemis, *les Français vainqueurs recueillent et soignent également tous les blessés?*

57. Ulysse était doué d'une circonspection, d'une prudence *surprenante*.

Avec quel substantif s'accorde l'adjectif *surprenante?*

58. Le troisième et le quatrième *chant* de ce poème sont dépourvus d'intérêt.

Expliquez pourquoi le substantif *chant* n'est pas au pluriel.

59. Une personne sensible ne peut voir un homme ou une femme *malheureuse* et *souffrante* sans être vivement émue.

Pourquoi les adjectifs *malheureuse* et *souffrante* sont-ils au féminin singulier?

40. La méfiance poussée à l'extrême est toujours la preuve d'un cœur *sec* et d'un esprit *étroit*.

Expliquez l'accord des adjectifs *sec*, *étroit*, avec les substantifs qu'ils qualifient.

41. Au lieu d'un pain entier, donnez-moi deux *demi-pains*.

Pourquoi l'adjectif *demi* est-il invariable?

42. *La langue grecque et la langue latine* sont des langues mortes.

Pourquoi ne dit-on pas *les langues grecque et latine?*

43. Il est d'une douceur et d'un dévouement *touchants*.

Expliquez pourquoi *touchants* est au pluriel et au masculin.

44. Les nuances *rose-tendre*, les tons *jaune-paille*, les teintes *gris-perle* font un très bon effet aux lumières.

Dites pour quelle raison les adjectifs composés *rose-tendre*, *jaune-paille, gris-perle*, ne prennent pas le signe du pluriel.

45. Accoutumez les hommes à raisonner *juste;* c'est le moyen de leur épargner bien des erreurs.

Pourquoi l'adjectif *juste* est-il invariable ?

46. C'est, en général, une chose fâcheuse que de vendre la *nue propriété*.

Pourquoi l'adjectif *nue* varie-t-il?

47. Chacun doit parler de soi avec une discrétion, une retenue *extrême*.

Avec quel substantif s'accorde l'adjectif *extrême?*

48. Vous ne pouvez être une *demi-journée* ensemble sans vous quereller.

Pour quelle raison l'adjectif *demi* reste-t-il invariable ?

49. *Feu* notre mère a laissé d'admirables exemples à suivre.

Pourquoi l'adjectif *feu* reste-t-il invariable ?

50. Il y a des douleurs *qui ne sauraient être consolées* que par la religion.

Pourquoi ne peut-on pas dire : qui ne sont *consolables* que par la religion ?

51. Q .e d'autres à sa place auraient pu rester *court!*

Pourquoi l'adjectif *court* est-il invariable ?

52. . . . . 'La pensée, *éclatante* lumière,
Ne peut sortir du sein de l'*épaisse* matière.

Expliquez l'accord des adjectifs *éclatante* et *épaisse*.

53. A force de s'exercer, il a acquis une adresse, une dextérité *étonnante*.

Dites avec quel substantif s'accorde l'adjectif *étonnante*.

54. *On ne peut pardonner à cet enfant* de retomber toujo·rs dans la même faute.

Pourquoi ne peut-on pas dire cet enfant n'est pas *pardonnable* de retomber toujours dans la même faute?

55. Qu'ils soient *reconnaissants* ou *ingrats*, nous devons toujours assister nos semblables.

Pourquoi ne pourrait-on pas dire : RECONNAISSANTS ou INGRATS, *nous devons assister nos semblables?*

56. Hercule et Thésée étaient des héros ou des *demi*-dieux.

Pourquoi l'adjectif *demi* est-il invariable?

57. *La* langue romane et *la* langue *tudesque* furent les seules en usage en France jusqu'au règne de Charlemagne.

Pourquoi ne faut-il pas dire : *Les langues romane et tudesque*, etc.?

58. Les teintes *vert-pomme* et *vert-de-gris* sont moins solides que la couleur *vert-foncé*.

Pourquoi les adjectifs *vert-pomme*, *vert-de-gris*, *vert-foncé*, restent-ils invariables?

59. Ces malheureux allaient *nu*-bras et *nu*-jambes, faute de vêtement.

Pourquoi l'adjectif *nu* est-il invariable?

60. Cet enfant a un amour-propre, une vanité vraiment *déplorable*.

Pour quel motif l'adjectif *déplorable* est-il au singulier?

61. Il s'est fait attendre deux heures et *demie*.

Pour quelle raison l'adjectif *demie* est-il au féminin singulier?

62. La société d'un véritable ami nous procure chaque jour des jouissances et des agréments *nouveaux*.

Pourquoi ne faut-il pas dire : *des agréments et des jouissances nouveaux?*

63. Il choque par un orgueil, un amour-propre *extrême*.

Pourquoi l'adjectif *extrême* est-il au singulier ?

64. *Fort* ou *faible, nul* ne peut échapper à la mort.

Pourquoi ne peut-on pas dire : FORT *ou* FAIBLE, *il est impossible* d'échapper à la mort ?

65. La mort d'un bon père est un des malheurs dont on se console le plus *difficilement*.

Pour quel motif ne faut-il pas dire : La mort d'un bon père est un des malheurs dont on est le plus *inconsolable*?

66. Notre-Seigneur a guéri miraculeusement des *aveugles-nés*.

Dites pourquoi les deux mots qui composent l'adjectif *aveugles-nés* prennent la marque du pluriel.

67. Opimius paya la tête de Caïus Gracchus dix-sept l vres et *demie* d'or.

Dites pourquoi l'adjectif *demie* ne se met pas au pluriel.

68. Cet homme vertueux est *digne* des plus grands éloges, et y est peu *sensible*.

Pourquoi ne dit-on pas *est digne et peu sensible aux plus grands éloges*, avec un seul et même complément pour les deux adjectifs?

69. On achette trop *cher* les cœurs nés pour se vendre.

Pourquoi l'adjectif *cher* est-il invariable ?

70. *Heureux* ou *malheureux*, on doit bénir la Providence.

Pourquoi ne dirait-on pas : *Heureux* ou *malheureux*, *c'est un devoir* de bénir la Providence?

71. Il n'y a rien de plus triste que de voir un enfant qui est *indifférent aux punitions* et en est *accablé*.

Pourquoi ne dit-on pas *indifférent et accablé de punitions*?

72. Le cotinga se fait remarquer par l'éclatante couleur de ses plumes *rouge-cramoisi*, *bleu-clair*, *jaune-orangé*, avec des reflets *vert-doré*.

Pourquoi les adjectifs *rouge-cramoisi*, *bleu-clair*, *jaune-orangé* et *vert-doré* ne varient-ils pas ?

73. Il y a des *demi*-amitiés qu'on appelle d'agréables connaissances.

Pourquoi l'adjectif *demi* est-il invariable ?

74. Sully parlait à Henri IV avec une franchise, une sincérité aussi *honorable* pour le roi que pour le ministre.

Pour quelle raison l'adjectif *honorable* s'accorde-t-il avec le dernier substantif ?

75. Les bons marchés coûtent souvent bien *cher*.

Pourquoi l'adjectif *cher* ne varie-t-il pas ?

76. Que de soins n'exigent pas les enfants *nouveau-nés*.

Pourquoi *nouveau* dans l'adjectif *nouveau-nés* est-il invariable ?

77. Les Grecs appelaient satires des drames d'une licence ou d'une gaîté *burlesque*.

Avec quel substantif s'accorde l'adjectif *burlesque* ?

78. En marchant pieds *nus* et tête *nue*, on s'endurcit à la fatigue.

Pourquoi l'adjectif *nu* s'accorde-t-il avec les substantifs *pieds* et *tête* ?

79. Quoique jeune, il avait un mérite et un talent *incontestables*.

Expliquez l'accord de l'adjectif *incontestable*.

CHAPITRE IV.

SYNTAXE DES ADJECTIFS DÉTERMINATIFS.

(*Voy. Nouvelle grammaire*, n° 405 et suivants.)

1. La ville fut attaquée et prise par *quatre-vingts* cavaliers et *cinq cents* fantassins.

Pourquoi *vingts* et *cents* prennent-ils la marque du pluriel ?

2. Quatre-*vingt*-dix édifices publics et plus de trois *cent* cinquante maisons devinrent la proie des flammes.

Pour quelle raison *vingt* et *cent* rejettent-ils le signe du pluriel ?

3. L'an dix-sept cent quatre-*vingt* et l'an dix-huit *cent* ont été remarquables par la naissance de plusieurs grands écrivains.

Pour quel motif *vingt* et *cent* restent-ils invariables ?

4. Napoléon fut couronné empereur en l'année *mil* huit cent quatre.

Dans quel cas *mil* s'écrit-il ainsi ?

5. Dix *mille* francs suffisent pour faire bien des heureux.

Dans quelle circonstance *mille* s'écrit-il ainsi ?

6. Le territoire de Rome avait cinq ou six *milles* d'étendue.

Quand écrit-on *milles* avec une *s* au pluriel ?

7. On compte en France environ trente-quatre *millions* d'habitants.

Pourquoi *millions* prend-il la marque du pluriel ?

8. Le budget de l'Angleterre n'a jamais atteint deux *milliards*.

Pour quelle raison *milliards* s'écrit-il avec le signe du pluriel ?

9. Les grandes joies durent peu et nous laissent *l'*âme vide.

Pourquoi dit-on l'*âme vide,* et non pas *notre âme vide ?*

10. Vos frères assistaient à cette fête avec *leurs* femmes.

Pourquoi l'adj. possessif *leurs* est-il employé au pluriel *(a)* ?

(a) Explication. Leurs se met au pluriel, parce que le substantif représente des unités prises collectivement : il y a plusieurs frères, il y a plusieurs femmes, quoique chacun n'en ait qu'une.

11. Que de gens se portent bien, et se plaignent de *leur* santé.

Pour quelle raison l'adjectif possessif *leur* ne se met-il pas au pluriel (*a*) ?

12. Si l'esprit est la fleur de l'imagination, *le* jugement *en* est le fruit.

Pourquoi emploie-t-on *l'article* et le pronom *en*, au lieu de l'adjectif possessif *son ?*

13. *Nulle* pensée fàcheuse, *aucun* nuage de tristesse ne troublaient la sérénité de son visage.

Pourquoi ne dit-on pas au pluriel *nulles pensées*, *aucuns nuages ?*

14. *Aucunes* mœurs ne furent plus pures, *nulles* funérailles ne furent plus touchantes que celles de cette femme vertueuse.

Pourquoi *aucunes* et *nulles* prennent-ils la marque du pluriel ?

15. Les domestiques n'ont reçu *aucuns* gages. — *Nulles* troupes n'ont montré plus de bravoure.

Pour quelle raison *aucuns* et *nulles* adoptent-ils également le signe du pluriel ?

16. Le port de Rouen et celui de Bordeaux peuvent contenir plus de cent vaisseaux *chacun*.

Pourquoi emploie-t-on *chacun* et non pas *chaque ?*

17. Il est rare que les *mêmes* hommes conservent longtemps les *mêmes* sentiments.

Pourquoi *mêmes* est-il adjectif ?

18. Les hommes vains sont toujours remplis d'eux-mêmes.

Pour quelle raison *mêmes* est-il adjectif ?

(*a*) *Explication.* Quoiqu'il s'agisse d'unités prises collectivement, *leur* se met au singulier, attendu que le substantif *santé* ne s'emploie pas au pluriel, du moins dans le sens où il est employé ici.

19. Tout annonce un Dieu ; les moindres créatures *mêmes* révèlent sa gloire.

Pour quel motif *mêmes* est-il adjectif?

20. Non seulement nous devons plaindre les malheureux, mais nous devons *même* les secourir.

Pourquoi *même* est-il adverbe?

21. Les arbres les plus grands, les plantes *même* les plus chétives ne peuvent se passer de la lumière du soleil.

Pourquoi *même* est-il adverbe ?

22. *Quel que* fût le mérite de Turenne, *quelle que* fût sa valeur, il a été quelquefois vaincu.

Expliquez pourquoi *quel que, quelle que* s'écrivent ainsi.

23. *Quelques* raisons qu'on ait de se plaindre des hommes, il faut leur pardonner.

Dites pour quel motif *quelques* s'écrit de cette manière.

24. *Quelque* faibles que soient certains hommes, *quelque* légèrement qu'ils se conduisent, nous leur devons notre indulgence.

Expliquez la raison pour laquelle les deux *quelque* s'écrivent invariables.

25. *Quelques* belles qualités, *quelques* grands talents qu'on possède, on ne doit pas en tirer vanité.

Pourquoi *quelques* suivi d'un qualificatif varie-t-il ?

26. Dans *quelque* position médiocre qu'on soit, on trouve toujours moyen de rendre service.

Pourquoi dit-on : *Dans quelque position médiocre qu'on soit,* et non *dans* TELLE *position médiocre* QU'*on soit?*

27. En *toute* chose il faut considérer la fin. — Dans *tous* les pays les bons cœurs sont frères.

Pourquoi *toute, tous* sont-ils adjectifs ?

28. Notre présence les rendit *tout* tremblants ; et, *tout* déconcertés qu'ils étaient, ils entreprirent de se justifier.

A quoi reconnaît-on que *tout* est adverbe ?

29. Cette composition, *toute* simple qu'elle paraît, est *toute* hérissée de difficultés.

Pourquoi dit-on *toute*, quoique ce mot soit adverbe?

50. Pensez à *votre* père et à *votre* mère ; c'est la meilleure protection contre les mauvaises pensées.

Pourquoi dit-on *votre* père et *votre* mère, et non pas *vos* père et mère?

51. Une parfaite égalité d'humeur est si rare, que les sages mêmes ont *leurs* bons et *leurs* mauvais moments.

Pourquoi répète-t-on l'adjectif possessif *leurs?*

52. La vie n'est qu'*un* long et triste souvenir d'erreurs et de désappointements.

Pourquoi ne dit-on pas *un* long et *un* triste souvenir?

53. De riches diadèmes qui ceignaient *leurs* fronts faisaient connaître le rang qu'elles occupaient.

Expliquez pourquoi on dit *leurs fronts*, et non pas *leur front*.

54. En perdant *tout* son bien, on perd souvent *tous* ses amis.

Pourquoi *tout*, *tous* sont-ils adjectifs?

55. C'est *un* grand et vif plaisir que de revoir ses amis après une longue absence.

Pourquoi ne répète-t-on pas l'adjectif numéral *un?*

56. *Quelques* bonnes intentions que vous ayez, elles ne vous serviront de rien, si vous ne cherchez pas à les réaliser.

Pourquoi *quelques* s'écrit-il de la sorte?

57. Les dépenses de l'Etat montent, en France, à près de deux *milliards*.

Pourquoi *milliards* prend-il le signe du pluriel?

58. Ceux qui s'abandonnent à l'ivresse descendent au-dessous des animaux *mêmes*.

Pourquoi *mêmes* est-il adjectif?

59. Le prince et plus de deux *cents* seigneurs furent faits prisonniers.

Pourquoi *cents* prend-il la marque du pluriel ?

40. *Quelques* bons avis qu'on lui donne, le présomptueux n'en suit aucun.

Pourquoi *quelques* s'accorde-t-il, quoique suivi d'un adjectif ?

41. L'homme prend une compagne pour qu'elle partage *sa bonne et sa mauvaise* fortune.

Pourquoi répète-t-on l'adjectif possessif *sa ?*

42. La coquetterie détruit et étouffe *toutes* les vertus.

Pourquoi *toutes* est-il adjectif ?

43. *Quelque* longs que soient ses maux, ils ne peuvent vaincre sa patience.

Pourquoi *quelque* est-il invariable ?

44. Au lieu d'avoir *les* yeux sur votre livre, vous avez toujours *le* nez en l'air.

Pourquoi dites-vous *les yeux, le nez,* au lieu de *vos yeux, votre nez ?*

45. La longueur des *milles* varie suivant les pays.

Pourquoi écrivez-vous *milles* de cette manière ?

46. *Nul* bien sans mal, *aucun* plaisir sans mélange.

Pourquoi *nul* et *aucun* sont-ils au singulier ?

47. Pour juger sainement des choses, il faut les considérer sous *leur* bon et *leur* mauvais côté.

Pourquoi répète-t-on l'adjectif possessif *leur ?*

48. Il est des circonstances où les héros eux-*mêmes* manquent de courage.

Pourquoi *mêmes* est-il adjectif ?

49. Celui qui écrit l'histoire ne doit être d'*aucun* pays.

Pourquoi *aucun* est-il au singulier ?

50. Les *mêmes* fautes lui ont mérité les *mêmes* reproches.

Pourquoi *mêmes* est-il adjectif?

51. Elle est *toute* honteuse de s'être exprimée comme elle l'a fait.

Pourquoi met-on *toute*, quoique ce mot soit adverbe?

52. Xénophon a été le héros et l'historien de la retraite des *Dix-mille*.

Dites pourquoi *mille* s'écrit ainsi?

53. Oblige autant que tu le pourras *les* parents et *les* amis.

Pourquoi ne faut-il pas dire *tes parents et amis?*

54. *Quelle que* fût la sagesse, *quelles que* fussent les vertus de Socrate, elles n'ont pu désarmer la haine de ses ennemis.

Pourquoi *quelle que*, *quelles que* s'écrivent-ils ainsi?

55. Jamais *nuls* bagages n'avaient été plus complets, *nulles* munitions plus abondantes.

Pourquoi l'adjectif *nul* adopte-t-il le pluriel dans cette phrase?

56. Les avares ne jouissent *même* pas des trésors qu'ils voudraient se réserver à eux seuls.

Pourquoi *même* est-il adverbe?

57. Celui qui a commis une faute grave *en* garde long-temps le souvenir.

Pourquoi ne dit-on pas : garde longtemps *son* souvenir?

58. Dans les pays du Nord on trouve des loups *tout* blancs et des loups *tout* noirs.

Pourquoi *tout* est-il adverbe?

59. A Rome, du temps des empereurs, les plus grandes propriétés ne pouvaient pas dépasser cinq *cents* arpents.

Pourquoi *cents* prend-il, dans cette phrase, la marque du pluriel?

60. *Quelque* corrompus que soient les hommes, ils ne sauraient s'empêcher de croire à la vertu.

Pourquoi *quelque* est-il invariable ?

61. Non seulement nous devons plaindre les malheureux, mais nous devons *même* les secourir.

Pourquoi *même* est-il adverbe ?

62. La ville de Londres a environ deux *millions* d'habitants.

Pour quelle raison *millions* prend-il la marque du pluriel ?

63. Les quatre-*vingts* combats auxquels il avait pris part lui valurent un sabre d'honneur.

Pourquoi *vingts* prend-il la marque du pluriel ?

64. Les hommes corrompus sont prêts à *toute* espèce de bassesse.

Pourquoi *toute* est-il adjectif ?

65. André Doria vécut jusqu'à quatre-*vingt*-quatorze ans l'homme le plus estimé de l'Europe.

Pourquoi *vingt* rejette-t-il la marque du pluriel ?

66. Ce fut en l'an *mil* sept cent quatre-vingt-neuf que commença la grande révolution française.

Pourquoi *mil* s'écrit-il ainsi ?

67. En *quelque* nombre qu'ils viennent, nos amis seront toujours bien reçus.

Pourquoi ne dites-vous pas en *tel* nombre *que* ?

68. *Quelque* éloquemment qu'ils aient parlé, ils n'ont ému personne.

Pourquoi *quelque* est-il adverbe ?

69. Ce bon et *généreux* ami a exposé sa fortune pour sauver la mienne.

Pourquoi ne doit-on pas dire : *Ce* bon et *ce* généreux ami ?

70. En courant ils ont perdu *leurs* chapeaux.

Expliquez pourquoi on dit *leurs chapeaux*, et non pas *leur chapeau.*

71. On croit que le monde a été créé quatre *mille* quatre cents ans avant Jésus-Christ ; il aurait par conséquent près de six *mille* ans d'existence.

Pourquoi *mille* s'écrit-il ainsi ?

72. *Quelque* heureusement que nous soyons doués, n'oublions pas que c'est à Dieu que nous en sommes redevables.

Pourquoi *quelque* reste-t-il invariable ?

73. *Ces* sages et *ces* folles propositions ont été accueillies avec un égal empressement.

Pourquoi répète-t-on l'adjectif démonstratif *ces ?*

74. La durée de la vie de l'homme dépasse rarement quatre-*vingts* ans.

Pourquoi *vingts* prend-il la marque du pluriel?

75. Les martyrs bénissaient le Seigneur au milieu des souffrances *mêmes* les plus affreuses.

Pourquoi *mêmes* est-il adjectif ?

76. Deux chariots attelés de quatre bœufs *chacun* étaient occupés à rentrer la récolte.

Pourquoi emploie-t-on *chacun*, et non pas *chaque?*

77. Le souverain juge vous demandera compte, à votre mort, de *vos* bonnes et de *vos* mauvaises actions.

Pourquoi répète-t-on l'adjectif possessif *vos ?*

78. *Tout* impudents qu'ils sont, les méchants ne peuvent s'empêcher d'être *tout* interdits quand on les prend sur le fait.

Pourquoi *tout* est-il adverbe dans le premier et dans le dernier membre de phrase ?

79. Les hommes *mêmes* qu'on croit les plus sages sont exposés à faillir.

Pourquoi *mêmes* est-il adjectif?

80. Il y a en Angleterre des fortunes de plusieurs *millions* de revenu.

Pourquoi *millions* prend-il la marque du pluriel ?

81. Quand la conscience parle, *nul* homme ne saurait la faire taire.

Pourquoi *nul* est-il employé au singulier ?

82. P'us j- lis les lettres de Mme de Sévigné, plus j'*en* admire le style, toujours simple et élégant.

Pourquoi ne dirait-on pas : Plus j'admire *leur* style, toujours simple et élégant?

83. Il est certain que les animaux *mêmes* sont capables de reconnaissance.

Pourquoi *mêmes* est-il adjectif?

84. Ce saint prêtre a dignement rempli sa mission, *toute* difficile qu'elle était.

Pourquoi *tout* varie-t-il, quoique adverbe?

85. Louis XIV est mort en l'an *mil* sept cent quinze.

Pourquoi écrivez-vous *mil* de cette manière ?

86. Cette décoration a été la juste récompense de *ses* bons et loyaux services.

Pourquoi ne faut-il pas dire : de *ses* bons et de *ses* loyaux services ?

87. Honore *ton* père et *ta* mère, si tu veux que tes enfants t'honorent à leur tour.

Pourquoi ne dit-on pas *tes* père et mère?

88. Cinq corps d'armée de cinquante mille hommes *chacun* allaient pénétrer en Allemagne.

Pourquoi dit-on *chacun*, et non pas *chaque?*

89. Le connétable du Guesclin et le roi Charles V sont morts tous les deux en treize cent quatre-*vingt*.

Dites pourquoi *vingt* reste ici invariable.

90. *Quels que* soient les privilèges des grands, de *quelques* brillants honneurs qu'ils soient environnés, ils sont exposés à toutes les vicissitudes humaines.

Expliquez pourquoi les adjectifs déterminatifs *quels que* et *quelques* s'écrivent ainsi.

91. Il n'a donné que de bons exemples à *ses* frères et à *ses* sœurs.

Pourquoi répète-t-on l'adjectif possessif *ses*?

92. *Quelques* choses que nous sachions, combien il nous en reste a apprendre!

Pourquoi *quelques* s'écrit-il ainsi?

95. L'auteur d'un bienfait est celui qui *en* recueille les fru ts les p us doux.

Pourquoi ne faut-il pas dire : qui recueille *ses* fruits les plus doux?

94. *Aucuns* vivres n'ont manqué aux troupes, grâce à la prévoyance du général.

Pourquoi *aucuns* est-il au pluriel?

95. *Quelque* pauvres, *quelque* malheureux que vous soyez, n'oubliez pas que D.eu vous promet un bonheur éternel pour vous dédommager de *quelques* années d'épreuves.

Expliquez pour quelle raison les deux premiers *quelque* s'écrivent sans *s*, et pourquoi le troisième prend la marque du pluriel.

96. Pendant cette guerre désastreuse, plus de deux *cent* dix villages devinrent la proie des flammes.

Pourquoi *cent* ne prend-il pas la marque du pluriel?

97. *Quelques* succès que nous obtenions, ils ne doivent pas nous n pi er d'orgueil.

Pourquoi écrivez-vous ainsi *quelques*?

98. Le ciel met au fond de *nos* cœurs un sentiment secret qui nous avertit du bien et du mal.

Expliquez pourquoi on met *nos*, et non pas *notre*.

99. *Toutes* sublimes que sont les doctrines de Platon, elles sont bien au-dessous des divins enseignements du christianisme.

Pourquoi *toutes*, quoique adverbe, varie-t-il?

100. Cômment un autre prendra-t-il nos intérêts, quand nous les nég'igeons nous-*mémes.*

Pourquoi *mémes* est-il adjectif?

101. Le *mille* d'Allemagne vaut environ cinq *milles* d'Angleterre.

Pourquoi *mille* s'écrit-il de cette manière, et prend-il une *s* au pluriel?

102. L'hôpital des Quinze-*Vingts* a été fondé par saint Louis pour recevoir trois *cents* aveugles.

Pourquoi *vingts* et *cents* prennent-ils la marque du pluriel ?

103. Ce rocher s'élève à quatre-*vingt*-dix mètres au-dessus du niveau de la mer, de laquelle il est é.oigné de trois *cent* cinquante mètres.

Pourquoi écrivez-vous *vingt* et *cent* sans le signe du pluriel ?

104. Les richesses, les honneurs *même* ne peuvent procurer le bonheur à celui dont la conscience n'est pas en repos.

Pourquoi *même* est-il adverbe?

105. Les hommes ne meurent pas *tout* entiers comme les animaux. •

A quoi reconnaît-on ici que *tout* est adverbe?

106. Plus je contemple le ciel étoilé, plus j'*en* admire la magnificence.

Pourquoi ne doit-on pas dire : plus j'admire *sa* magnificence?

107. *Quelle que* soit notre tendresse, *quels que* soient nos soins empressés pour nos parents, nous n'acquitterons jamais notre dette envers eux.

Pourquoi écrit-on ainsi *quelle que* et *quels que*?

108. Quand on voyage il faut toujours avoir *la* main à *la* poche.

Pourquoi ne dites-vous pas *sa* main à *sa* poche ?

109. On a estimé à cinq ou six *milliards* le revenu de toutes les pro riétés en France.

Pourquoi *milliards* prend-il la marque du pluriel ?

110. Vous n'avez *nulle* idée des progrès que ferait un enfant qui ne perdrait *aucun* instant.

Pourquoi *nulle* et *aucun* sont-ils au singulier ?

111. Quatre *vingts* hectolitres valent huit *mille* litres.

Pourquoi *vingt* prend-il la marque du pluriel, et *mille* la rejette-t-il ?

112. Celui qui fait le bien a *la* conscience tranquille et *le* cœur joyeux.

Pourquoi ne dit-on pas *sa conscience* et *son cœur* ?

113. Le royaume chrétien de Jérusalem a été fondé l'an onze *cent* après J.-C.

Pourquoi *cent* est-il invariable ?

CHAPITRE V.

DE L'EMPLOI DES PRONOMS EN GÉNÉRAL.

(Voy. *Nouvelle grammaire*, n° 432 et suivants.)

1. Si quelqu'un vous demande *un conseil* avec l'intention de le suivre, ne *le* donnez pas légèrement.

Pourquoi serait-il incorrect de dire : Si quelqu'un demande *conseil* avec l'intention de *le* suivre, etc. ?

2. Il n'y a pas d'*affection* qui puisse remplacer *celle* d'une mère.

Pourquoi le pronom *celle* peut-il représenter le substantif *affection*, employé dans un sens indéterminé ?

5. Le traité de paix ayant été soumis à Louis XIV, *ce traité* lui parut si avantageux, qu'il s'empressa de le signer.

Pourquoi ne dirait-on pas : Le traité de paix ayant été soumis à Louis XIV, *il* lui parut si avantageux, qu'*il* s'empressa de le signer?

4. Quand *on* sait qu'*on* est aimé, on fait quelquefois moins d'efforts pour être aimable.

> Pourquoi serait-il incorrect de dire : Quand *on* sait qu'*on vous aime*, on fait quelquefois, etc. ?

5. Souvent les petits esprits n'imitent les gens de mérite que dans les choses où *ceux-ci* sont le moins louables.

> Pourquoi ne doit-on pas dire : que dans les choses où *ils* sont le moins louables ?

6. On est plus heureux du bonheur *auquel* on aspire que du bonheur dont on jouit.

> Pourquoi *auquel* est-il au masculin et au singulier?

7. C'est leur mère à *laquelle* ils consacrent tous leurs soins.

> Pourquoi à *laquelle* est-il au féminin et au singulier?

8. Heureux l'homme qui, dans les circonstances difficiles, possède ce calme, ce sang-froid sans *lequel* on ne peut maîtriser les événements.

> Pourquoi *lequel* s'accorde-t-il avec le dernier substantif?

9. Le chagrin ou le découragement *auquel* on se livre ne remédie pas au mal.

> Pourquoi *auquel* ne s'accorde-t-il pas avec les deux substantifs?

10. L'homme *auquel* nous donnons le nom d'ami est un autre nous-mêmes.

> Pourquoi *auquel* est-il au masculin et au singulier?

11 Il a entouré son père de ses soins les plus tendres, jusqu'à ce que *celui-ci* rendît le dernier soupir.

> Pourquoi ne pas dire : Jusqu'à ce qu'*il* rendit le dernier soupir ?

12. Une personne pleine de *bienveillance la* répand sur tous ceux qui l'environnent.

Pourquoi le pronom *la* représente-t-il le substantif *bienveillance* employé dans un sens indéterminé ?

13. La suite montrera si c'est le travail ou le hasard *auquel* il faut attribuer un succès si extraordinaire.

Dites pourquoi *auquel* est ici au masculin et au singulier.

14. Si l'on savait combien *on* est observé dans le monde, *on* serait bien plus circonspect dans ses actions et dans ses paroles.

Pourquoi serait-il incorrect de dire : Si l'*on* savait combien *on* vous observe, *on* serait, etc., ?

15. Vous demandez qu'on vous accorde *votre grâce ;* l'avez-vous méritée par votre repentir.

Pourquoi ne doit-on pas dire : Vous demandez qu'on vous fasse *grâce ;* l'avez-vous méritée par votre repentir ?

16. La pauvre famille *à laquelle* vous vous intéressez est pleine de reconnaissance pour vous.

Pourquoi *à laquelle* est-il au féminin et au singulier ?

17. *Vous* ne sauriez croire combien dans cette famille *on* s'occupe des pauvres.

Pourquoi ne doit-on pas dire : *On* ne saurait croire combien dans cette famille *on* s'occupe des pauvres ?

18. Les biens *auxquels* nous attachons tant de prix ne nous suivront pas dans la tombe.

Pourquoi *auxquels* est-il au masculin et au pluriel ?

19. Il a placé *sa confiance* en moi, et je crois *la* mériter.

Pourquoi ne faut-il pas dire : Il *a confiance* en moi, et je crois *la* mériter ?

20. Il doit ses succès à la prudence ou à l'habileté avec *laquelle* il s'est conduit.

Pourquoi le pronom *laquelle* s'accorde-t-il avec le dernier substantif ?

21. Les hommes rassasiés de *plaisirs* perdent le goût de *ceux* mêmes qui leur plaisaient le plus.

> Pourquoi le pronom *ceux* peut-il représenter le substantif *plaisirs* employé dans un sens indéterminé ?

22. Il y a dans les ouvrages de Corneille une grandeur, une élévation à *laquelle* aucun autre poète n'a pu atteindre.

> Pourquoi *laquelle* s'accorde-t-il avec le dernier substantif ?

23. L'amour qu'*il* a pour ses enfants est si grand, que *ce sentiment* lui fait oublier toutes les peines qu'*il* se donne.

> Pourquoi ne dirait-on pas : L'amour qu'*il* a pour ses enfants est si grand, qu'*il* lui fait oublier toutes les peines qu'*il* se donne ?

24. J'ai visité les ruines magnifiques au milieu *desquelles* s'élève la moderne Agrigente.

> Pourquoi *desquelles* est-il au féminin et au pluriel ?

25. Que de peines cet enfant donne à son maître, quoique *celui-ci* n'ait que son bonheur en vue.

> Pourquoi ne doit-on pas dire : quoiqu'*il* n'ait que son bonheur en vue ?

26. Quand on vous demande *un avis*, donnez-*le* avec empressement : c'est le moyen d'en doubler le prix.

> Pourquoi ne doit-on pas dire : Quand on vous demande *avis*, donnez-*le* avec empressement, etc. ?

27. Cette jeune fille vient en aide à son amie dans tout ce que *celle-ci* a de la peine à faire.

> Pour quelle raison ne dirait-on pas : dans tout ce qu'*elle* a de la peine à faire ?

28. Nos soldats ont montré un élan, une impétuosité à *laquelle* tout a cédé.

> Dites pourquoi *laquelle* s'accorde avec le dernier substantif.

29. Ceux qui n'ont pas éprouvé de *peines* sont peu disposés à partager *celles* des autres.

> Pourquoi le pronom *celles* représente-t-il le substantif *peines* employé dans un sens indéterminé ?

50. Milon de Crotone portait tous les jours un veau sur ses épaules, et quand *cet animal* fut devenu un taureau, *il* le soulevait encore facilement.

Pourquoi ne doit-on pas dire : et quand *il* fut devenu un taureau, *il* le soulevait encore facilement ?

CHAPITRE VI.

SYNTAXE DES PRONOMS PERSONNELS.

(Voy. *Nouvelle grammaire*, n° 440 et suivants.)

1. *Je* m'impose des privations afin que *tu* puisses secourir les malheureux quand *ils* réclameront ton assistance.

Pourquoi les pronoms personnels *je*, *tu*, *ils*, précèdent-ils le verbe ?

2. Me trompé-*je*? n'êtes-*vous* plus mon ami?

Pourquoi les pronoms personnels sujets *je*, *vous*, sont-ils placés après le verbe ?

3. Ai-*je* assez souffert! me trouves-*tu* assez malheureux!

Pourquoi les pronoms personnels sujets *je*, *tu*, sont-ils exprimés après le verbe ?

4. Puissions-*nous* ne jamais nous écarter du chemin de l'honneur.

Pourquoi le pronom personnel sujet *nous* est-il placé après le verbe ?

5. C'est en commettant des fautes, disait-*il*, que l'homme acquiert de l'expérience.

Pourquoi le pronom personnel sujet *il* est-il énoncé après le verbe ?

6. Dieu nous prodigue ses bienfaits, aussi lui devons-*nous* toute notre reconnaissance.

Pourquoi le pronom personnel sujet *nous* est-il placé après le verbe ?

3

7. Les méchants *nous* persécutent, et nous *leur* pardonnons.

Pourquoi le pronom *nous* précède-t-il le verbe *persécutent*, et le pronom *leur* le verbe *pardonnons?*

8. L'un voulait *le* garder, l'autre *le* voulait vendre.

Quelle est la place des pronoms personnels compléments d'un infinitif qui est sous la dépendance d'un autre verbe?

9. Montrez-*vous* indulgent envers vos semblables, et pardonnez-*leur* les fautes qu'ils ont commises.

Pourquoi les pronoms *vous*, *leur*, compléments, suivent-ils le verbe?

10. Quand un méchant se dit votre ami, ne *le* croyez pas.

Pourquoi le pronom *le*, complément, est-il placé avant l'impératif?

11. Soldats, suivez leurs pas, et répondez-*moi* d'eux; ou bien : et *me* répondez d'eux.

Pourquoi le pronom peut-il être placé avant ou après l'impératif?

12. Montrez-*le-moi*, montrez-*le-nous* celui qui n'a jamais eu à se plaindre des hommes.

Dans quel ordre place-t-on les pronoms personnels, quand un impératif en a deux pour compléments?

13. Quelqu'un devant aller à la ville, conduisez-*y-moi*, ou transportez-*y-toi*.

Le verbe étant à l'impératif, pourquoi le pronom *y* s'énonce-t-il le premier?

14. *Nous* plaignons les méchants, quoique *nous* les détestions. — *Vous* aimez l'étude, parce que *vous* en sentez tout le prix.

Pourquoi les pronoms *nous*, *vous*, se répètent-ils devant chaque verbe?

15. *Je* le connais, *je* l'aime, et *je* lui rends justice; ou bien : *Je* le connais, l'aime et lui rends justice.

> Les verbes étant unis par une des conjonctions *et, ou, ni, mais*, qu'est-ce qui décide de la répétition ou de la non-répétition des pronoms personnels sujets?

16. Heureux celui qui, maître de ses passions, *les* règle, *les* modère, et *les* domine.

> Pourquoi répète-t-on le pronom personnel *les?*

17. L'orgueil *les* a égarés et *les* a rendus malheureux; ou bien : L'orgueil *les* a égarés et rendus malheureux.

> Expliquez pourquoi ces deux constructions sont également bonnes.

18. Bénissez le Seigneur qui *vous* a guidé et *vous* a procuré le bonheur.

> Peut-on dire également qui *vous a guidé et procuré le bonheur?*

19. Un auteur a dit, en parlant de lui : Les ouvrages que nous avons publiés ne *nous* rendent pas *digne* de tant d'éloges.

> Pourquoi l'adjectif *digne*, se rapportant à *nous*, n'est-il pas au pluriel?

20. Ces paroles ont en *elles* quelque chose de blessant.

> Pourquoi dit-on *en elles*, et non pas *en soi?*

21. L'homme qui s'estime trop *lui*-même, se fait mépriser des autres.

> Pourquoi dit-on *lui*-même, et non pas *soi*-même?

22. Quand le peuple l'applaudissait, ce n'était pas une raison pour que ce philosophe fût content de *soi*.

> Pourquoi emploie-t-on *soi* au lieu de *lui?*

23. L'homme sage lutte contre ses passions et *en* triomphe. — Le travail recrée, livrez-vous-*y*.

> Pourquoi dit-on EN *triomphe*, et non pas *triomphe d'*ELLES; *livrez-vous-*Y, et non pas *livrez-vous* A LUI?

24.   *La reine!* — Vraiment oui. je *la* suis.

Pourquoi fait-on usage du pronom *la?*

25. J'étais *mère*, et il n'est que trop vrai que je ne *le* suis plus.

Pourquoi emploie-t-on le pronom *le?*

26. Êtes-vous *les malheureux* qu'on a secourus? Nous *les* sommes.

Pourquoi fait-on usage du pronom *les?*

27. Catherine de Médicis était *jalouse* de son autorité, et elle *le* devait être.

Pourquoi emploie-t-on le pronom *le?*

28. Mon Dieu! recevez mon âme, murmura-t-*il*, en rendant le dernier soupir.

Pourquoi le pronom personnel sujet, *il*, se met-il après le verbe?

29. Ce savant est si modeste qu'il craint toujours de faire parler *de lui*.

Pourquoi dit-on *parler de lui*, et non *parler de soi?*

30. Il a été chercher son voisin souffrant et malade, et l'a conduit chez *soi*, ou : l'a conduit chez *lui*.

Quelle différence, pour le sens, présente cette phrase construite avec *soi* et avec *lui?*

31. Si vous lui refusez ce qu'il vous demande, au moins devez-*vous* lui répondre poliment.

Pourquoi *vous* est-il mis après le verbe dont il est le sujet?

32. Un père prévoyant remarque les fautes de ses enfants et les *en* punit pour les empêcher d'*y* retomber.

Pourquoi emploie-t-on *en* et *y*, au lieu du pronom *elles* précédé d'une préposition?

33. *Je* vous ai traités avec une indulgence que *vous* ne méritiez pas.

Dites pourquoi les pronoms personnels *je*, *vous*, précèdent le verbe.

34. Il *m'a* reçu et *m'a* parlé avec une grande bienveillance.

Pourrait-on dire : *Il m'a reçu et parlé avec*, etc.?

35. Je désire parler aux directeurs de l'établissement. — Nous *les* sommes.

Pourquoi emploie-t-on ici le pronom *les?*

36. Puissiez-*vous* ne jamais oublier que vous vous êtes chargé du bonheur de sa vie !

Pourquoi le pronom sujet *vous* est-il placé après le verbe *puissiez?*

37. Tu vois cette allée, amuses-*y-toi* pendant une heure et attends-*y-moi*.

Quand un impératif a deux pronoms pour compléments, dont l'un est le pronom y, dans quel cas celui-ci s'énonce-t-il le premier?

38. L'avocat général a dit à l'égard de cet accusé : *Nous* sommes profondément *convaincu* de sa culpabilité.

Pourquoi le modificatif *convaincu* est-il au singulier dans cette phrase?

39. Encouragé par les suffrages de son maître, ce jeune homme peut avoir confiance *en soi*.

Pourquoi dites-vous *en soi*, et non *en lui?*

40. O Dieu, vous nous avez mis sur la terre pour *vous* connaître, *vous* aimer et *vous* servir.

Pourquoi répétez-vous devant chaque verbe le pronom personnel *vous?*

41. Si je ne puis *vous* attendre, j'irai *vous* trouver plus tard; ou bien : Si je ne *vous* puis attendre, je *vous* irai trouver plus tard.

Quelle est la place des pronoms personnels compléments d'un infinitif qui est sous la dépendance d'un autre verbe?

42. *Fût-il* accablé de malheurs, il faudrait toujours qu'il se soumît à la volonté divine.

Pourquoi le pronom personnel sujet *il* est-il placé après le verbe?

43. Le gland est bien petit, et pourtant il *en* sort un chêne majestueux.

> Pourquoi ne faut-il pas dire *il sort de lui un chêne majestueux?*

44. Etudiez vos défauts, et combattez-*les* courageusement; ou bien : et *les* combattez courageusement.

> Pourquoi le pronom *les* peut-il être placé avant ou après l'impératif?

45. *Vous* ne les aimez ni *vous* ne les détestez; ou bien : *Vous* ne les aimez ni ne les détestez.

> Que faut-il faire pour savoir si l'on doit répéter ou ne pas répéter le sujet dans cette phrase?

46. Brûler un livre, c'est dire qu'on n'a pas assez d'esprit pour *y* répondre.

> Pourquoi, au lieu du pronom *lui*, emploie-t-on le pronom *y?*

47. *Je* fuis l'oisiveté, parce que *je* la regarde comme la mère de tous les vices.

> Pourquoi le pronom sujet est-il répété avant chaque verbe?

48. Avez-*vous* de la peine à lui faire entendre raison!

> Pourquoi le pronom personnel sujet est-il après le verbe?

49. Que le pécheur rentre *en lui-même*, s'il ne veut pas mériter une condamnation terrible.

> Pourquoi ne dit-on pas *en soi-même?*

50. Si je vous demande jamais quelque chose d'injuste, refusez-*le-moi*.

> Dans quel ordre place-t-on les pronoms personnels, quand un impératif en a deux pour compléments?

51. Si tu te conduis ainsi, on *te* méprisera et l'on *te* refusera toute confiance.

> Peut-on dire *on te méprisera et refusera toute confiance?*

52. Vous êtes donc la pauvre mère dont on nous a raconté les malheurs? — Oui, je *la* suis.

> Pourquoi fait-on usage du pronom *la?*

53. Je n'ai pas perdu une minute, aussi suis-*je* arrivé à temps.

Pourquoi le pronom personnel sujet *je* est-il placé après le verbe?

54. Le but que *nous* nous sommes proposé dans cet ouvrage, dit l'auteur d'un excellent livre d'agriculture, est d'être *utile* aux habitants des campagnes.

Pourquoi *utile*, se rapportant à *nous*, n'est-il pas au pluriel?

55. Depuis quand, pauvre femme, êtes-vous malade? — Je *le* suis depuis un mois.

Pourquoi employez-vous le pronom *le*?

56. Nous *vous* rendons grâce, Seigneur, pour tous les bienfaits dont vous *nous* comblez.

Pourquoi le pronom *vous* est-il placé devant le verbe *rendons*, et *nous* devant le verbe *comblez*?

57. *Vous* serez le bienvenu, quand *vous* pourrez nous visiter.

Pourquoi le pronom *vous* se répète-t-il devant chaque verbe?

58. C'est un trop grand avantage que vous voulez *me* faire, je ne puis *l'*accepter; ou bien : C'est un trop grand avantage que vous *me* voulez faire, je ne *le* puis accepter.

Quelle est la place des pronoms personnels compléments d'un infinitif qui est sous la dépendance d'un autre verbe?

59. *Je* le sauverai ou *je* mourrai avec lui; ou bien : *Je* le sauverai ou mourrai avec lui.

Que doit-on faire pour savoir s'il faut répéter ou ne pas répéter le pronom personnel sujet dans cette phrase?

60. La douceur et l'indulgence sont des sentiments bons en *eux*, mais qu'il ne faut pas exagérer.

Pourquoi emploie-t-on *eux*, et non pas *soi*?

61. Mon Dieu, exaucez-*moi*, lorsque je vous implore.

Pourquoi le pronom *moi*, complément, est-il placé après le verbe?

62. Plus je lis les œuvres de Bossuet, plus je *les* goûte et *les* admire.

Pourquoi le pronom personnel *les* précède-t-il le verbe?

63. Quand on ne pense qu'*à soi* on ne mérite pas d'être aimé.

Pourquoi emploie-t-on le pronom *soi*, et non pas *lui*?

64. Soignez bien ce pauvre oiseau, ou *lui rendez* la liberté ; ou bien : ou *rendez-lui* la liberté.

Pourquoi le pronom *lui* peut-il précéder ou suivre l'impératif?

65. La Providence divine *nous* a accompagnés et protégés tous les jours de notre vie ; ou bien : *nous* a accompagnés et *nous* a protégés, etc.

Ces deux constructions peuvent-elles être également bien employées?

66. Après avoir tout fait pour son prochain, il ne veut pas même penser un peu à *soi*.

Pourquoi dites-vous *à soi*, et non *à lui*?

67. *Vous* avez suspendu, Seigneur, les étoiles à la voûte céleste, afin qu'*elles* nous éclairent quand *nous* sommes enveloppés dans les ténèbres de la nuit.

Pourquoi les pronoms personnels *vous*, *elles*, *nous*, précèdent-ils le verbe?

68. Quand vous aurez lu ces livres, renvoyez-*les-nous*.

Dans quel ordre place-t-on les pronoms personnels quand un impératif en a deux pour compléments?

69. Dieu *nous* a exaucés et *nous* a accordé ce que nous lui demandions.

Pourrait-on dire également *nous a exaucés et accordé* ce que nous lui demandions?

70. Sous ce déguisement me faut-il reconnaître
Les braves compagnons, les amis de mon maître?
— Nous *les* sommes...

Pourquoi emploie-t-on le pronom *les*?

71. Devions-*nous* entendre de pareilles choses de la bouche d'un fils?

Dites pourquoi le pronom personnel sujet *nous* est placé à la suite du verbe.

72. Si cet endroit est trop loin pour vous, envoyez-*y-moi*?

Le verbe étant à l'impératif, pourquoi le pronom y s'énonce-t-il en premier?

73. Nous n'avons été *revêtu* de notre dignité que pour faire observer les lois, disait un président à des factieux, et nous serions à jamais *déshonoré* si nous la mettions au service de vos violences.

Pourquoi *revêtu* et *déshonoré* sont-ils au singulier, quoiqu'ils se rapportent à *nous?*

74. Vainement voulait-on les forcer d'avouer qu'ils étaient coupables. — Non, nous ne *le* sommes pas! s'écriaient-ils au milieu des tortures.

Pourquoi employez-vous ici le pronom *le?*

75. Ce paresseux *se* distrait pendant que ses camarades *s'*occupent; mais je *le* punirai lorsque je *les* récompenserai.

Pourquoi les pronoms *se, se, le, les,* précèdent-ils les verbes *distraire, occuper, punir?*

76. *Il* n'éprouverait pas de regrets, s'*il* nous avait crus.

Pourquoi le pronom *il* est-il répété devant chaque verbe?

77. Plus certaines professions sont honorables en *elles*, plus on se déshonore en les remplissant mal.

Pourquoi emploie-t-on *elles*, et non pas *soi?*

78. Eussions-*nous* commis les fautes les plus graves, nous ne devrions jamais désespérer de la miséricorde divine.

Pourquoi le pronom personnel sujet *nous* est-il après le verbe?

3.

79. Le corps du vaisseau étant terminé, on *y* mit des mâts et des voiles.

Pourquoi fait-on usage du pronom y au lieu du pronom *lui?*

80. Si je ne puis *le* surpasser, au moins je veux *le* suivre ; ou bien : Si je ne *le* puis surpasser, au moins je *le* veux suivre.

Quelle est la place des pronoms personnels compléments, quand un infinitif est sous la dépendance d'un autre verbe?

81. *Tu* les recevras, ET *tu* les traiteras de ton mieux ; MAIS *tu* ne céderas à aucune de leurs fantaisies ; ou bien : *tu* les recevras, *et* les traiteras de ton mieux, mais ne céderas à aucune de leurs fantaisies.

Quel est le motif qui décide à répéter ou à ne pas répéter le pronom sujet *tu* dans cette phrase?

82. Chacun pour *soi* est la maxime des égoïstes.

Pourquoi ne dit-on pas *chacun pour lui?*

83. Quand vos parents vous reprennent, écoutez-*les* avec soumission.

Pourquoi le pronom *les*, complément, vient-il après le verbe?

84. Il *nous* consola, *nous* encouragea et *nous* secourut dans notre détresse.

Pourquoi faut-il répéter le pronom personnel *nous?*

85. En aidant son camarade, il s'est bientôt aperçu qu'il travaillait aussi *pour soi*.

Pourquoi dites-vous *pour soi*, et non pas *pour lui?*

86. Si vous voulez que je vous pardonne, reconnaissez votre faute, et promettez-*moi* de n'y plus retomber; ou : et *me* promettez de n'y plus retomber.

Pour quelle raison le pronom peut-il suivre ou précéder l'impératif dont il est le complément?

87. Vous *les* avez consolés et fortifiés dans leur affliction ; ou bien : Vous *les* avez consolez et *les* avez fortifiés dans leur affliction.

Ces deux constructions sont-elles également régulières?

88. Quand une étude est intéressante, on s'*y* attache avec passion.

Pourquoi ne dites-vous pas *on s'attache* à ELLE *avec passion?*

CHAPITRE VII.

SYNTAXE DES PRONOMS DÉMONSTRATIFS.

. (Voy. *Nouvelle grammaire*, n° 460 et suivants.)

1. Quoique la tragédie d'Athalie manque d'action, *c'est* une des plus belles pièces que Racine ait composées.

Quand les pronoms *il, ils, elle, elles*, peuvent-ils se remplacer par le pronom *ce?*

2. Ce qui étonne les honnêtes gens, *c'est* de voir les méchants prospérer.

Pourquoi emploie-t-on le pronom *ce* devant le verbe *être?*

3. Ce qui élève l'homme au-dessus de ses semblables, *ce sont* les sentiments.

Pourquoi l'emploi du pron. *ce* est-il de rigueur devant *sont?*

4. Ce qu'on admire principalement dans Corneille, *c'est* l'élévation des pensées, ou : *est* l'élévation des pensées.

Pourquoi l'emploi du pronom *ce* est-il facultatif devant *est?*

5. Le meilleur moyen d'alléger sa douleur, *c'est* de soulager celle des autres.

Pourquoi emploie-t-on le pronom *ce* devant le verbe *être?*

6. Se fier à tout le monde et ne se fier à personne, *c'est* un excès commun à bien des hommes.

Pourquoi le verbe *être* est-il précédé de *ce?*

7. Un travail opiniâtre *est* ou *c'est* la garantie du succès.

Pourquoi dit-on indifféremment *c'est* ou *est?*

8. Secourir les malheureux, *c'est* ou *est* la plus douce satisfaction.

Pourquoi peut-on employer ou ne pas employer le pronom *ce* devant le verbe *être?*

9. Être juste, *c'est* être vertueux.

> Pourquoi l'emploi du pronom *ce* est-il indispensable devant
> *est ?*

10. Les grandeurs naturelles sont *celles qui sont indé-
pendantes* de la fantaisie des hommes.

> Pourquoi dit-on *celles qui sont indépendantes*, et non pas
> *celles indépendantes?*

11. Aristide et Thémistocle méritèrent l'affection des
Athéniens : *celui-là* par sa probité, *celui-ci* par son habileté.

> Quelle différence y a-t-il entre *celui-ci* et *celui-là?*

12. Prêter à usure, *c'est* voler d'une manière détournée.

> Pourquoi l'emploi du pronom *ce* est-il indispensable devant
> le verbe *être?*

13. *Ce qu'il* importe surtout d'acquérir de bonne heure,
ce sont de bonnes habitudes.

> Pourquoi l'emploi de *ce* devant le verbe *être* est-il ici de
> rigueur ?

14. Lisez souvent Pascal, c'est un écrivain d'une étonnante profondeur.

> Dans quelle circonstance remplace-t-on les pronoms *il, elle,
> ils, elles,* par le pronom *ce?*

15. Faire de l'exercice *est* le moyen de se bien porter ;
ou bien : *c'est* le moyen de se bien porter.

> Pourquoi l'emploi du pronom *ce* est-il ici facultatif?

16. Entendre, *c'est* obéir, répondent à leurs maîtres les
esclaves d'Orient.

> Pourquoi l'emploi du pronom *ce* est-il indispensable devant
> le verbe *être?*

17. Prier et faire pénitence, *c'est* toute la vie des so-
litaires.

> Pourquoi doit-on mettre ici le pronom *ce* devant le verbe
> *être?*

18. Voyez la conséquence des bonnes et des mauvaises

actions : *celles-ci* nous rendent malheureux, *celles-là* nous remplissent de la joie la plus pure.

Quelle différence y a-t-il entre *celles-ci* et *celles-là?*

19. *Ce* qui est indispensable à un commerçant, c'est qu'il ait de l'ordre et de la probité.

Pourquoi emploie-t-on le pronom *ce* devant le verbe être?

20. Racine disait de l'historien Tacite : c'est le plus grand peintre de l'antiquité.

Quand peut-on remplacer les pronoms *il, ils, elle, elles,* par le pronom *ce?*

21. Le plus grand des biens, c'est la paix de la conscience, ou : est la paix de la conscience.

Pourquoi peut-on employer ou ne pas employer le pronom *ce?*

22. Être égoïste, *c'est* être ennemi de soi-même.

Pourquoi le pronon *ce* est-il indispensable devant le verbe *être?*

23. *Ce qu'il* faut fuir avec horreur, *ce sont* les mauvaises compagnies.

Pourquoi l'emploi du pronom *ce* est-il de rigueur?

24. Les joies les plus vives sont souvent *celles qui sont* les plus passagères.

Pourquoi ne diriez-vous pas *celles les plus passagères?*

25. Il faut choisir entre le bien et le mal: repousser *celui-ci,* et pratiquer courageusement *celui-là.*

Quelle différence y a-t-il entre *celui-ci* et *celui là?*

26. Entendre un beau concert *est* une grande jouissance; ou bien : *c'est* une grande jouissance.

Pour quelle raison l'emploi du pronom *ce* est-il facultatif?

27. *Ce qui* lui a fait pardonner sa faute, *c'est* la franchise de ses aveux, ou : *est* la franchise de ses aveux.

Pourquoi l'emploi du pronom *ce* est-il ici facultatif?

28. Payer ses dettes, *c'est* s'enrichir.

Pourquoi l'emploi du pronom *ce* est-il indispensable

29. Le moyen le plus certain de bien comprendre, c'est d'écouter attentivement.

Pourquoi emploie-t-on le pronom *ce* devant le verbe *être?*

30. L'enfant qu'on aime le mieux est celui *qui est complaisant* pour ses camarades.

Pourquoi ne dit-on pas *celui complaisant?*

31. A les voir se livrer à leurs grossiers plaisirs, on dirait que *ce* sont de véritables brutes.

Dans quel cas les pronoms *il*, *elle*, *ils*, *elles*, peuvent-ils être remplacés par le pronon *ce?*

32. *Ce qui* nous porte le plus à compatir aux peines des autres, *ce sont* nos propres chagrins.

Pourquoi l'emploi du pronom *ce* est-il indispensable devant le verbe *être?*

33. Le meilleur moyen d'être heureux soi-même, c'est de chercher à faire le bonheur des autres.

Pourquoi employez-vous le pronom *ce* devant le verbe *être?*

34. *Ce à quoi* il faut d'abord songer le matin, c'est à élever son cœur vers Dieu.

Pourquoi mettez-vous le pronom *ce* devant le verbe *être?*

35. Rendre le bien pour le mal, *c'est* le plus bel effort de la vertu ; ou bien : *est* le plus bel effort de la vertu.

Pourquoi l'emploi du pronom *ce* est-il facultatif?

36. La prière que Dieu exauce, est celle *qui est faite* du fond du cœur.

Peut-on dire *celle faite* du fond du cœur?

37. Le grand mérite de notre langue, c'est la clarté, ou : *est* la clarté.

Pourquoi peut-on, dans cette phrase, employer ou ne pas employer le pronom *ce* devant le verbe *être?*

38. *Ce qu'il* faut éviter surtout dans la conversation, c'est de dire du mal des absents.

Pourquoi employez-vous le pronom *ce* devant le verbe *être?*

39. Souffrir, se résigner et se taire, *c'est* le sort de bien des hommes.

Pourquoi mettez-vous le pronom *ce* devant le verbe *être?*

40. *Ce qui* me plait surtout dans cet enfant, *c'est* sa bonne volonté, ou : est sa bonne volonté.

Pourquoi l'emploi du pronom *ce* devant le verbe *être* est-il facultatif?

41. On ne saurait trop admirer Bossuet : *c'est* peut-être notre plus grand écrivain, car *c'est* celui qui a tout à la fois le plus de force, d'élévation et de simplicité.

Quand les pronoms *il, elle, ils, elles,* peuvent-ils être remplacés par le pronom *ce?*

42. Le secret de tous ses succès au milieu de tant de difficultés, *c'est* son infatigable activité.

Pourquoi employez-vous le pronom *ce* devant le verbe *être?*

43. Quelle différence entre l'afféterie et la grâce! *celle-ci* charme, *celle-là* fatigue.

Expliquez en quoi *celle-ci* diffère de *celle-là.*

44. Vouloir une chose, en vouloir une autre, *c'est* le propre des capricieux.

Pourquoi faut-il employer ici le pronom *ce* devant *est?*

45. *Ce qu'il* faut admirer dans saint Louis, *ce sont* ses vertus plus encore que ses exploits.

Pourquoi l'emploi du pronom *ce* devant le verbe être est-il ici de rigueur?

46. Le mérite du style épistolaire *est* la simplicité et le naturel, ou : *c'est* la simplicité et le naturel.

Pourquoi peut-on employer ou ne pas employer le pronom *ce* devant le verbe *être?*

CHAPITRE VIII.

SYNTAXE DES PRONOMS POSSESSIFS.

(Voy. *Nouvelle grammaire*, n° 473 et suivants.)

1. *Votre lettre* m'a causé le plus grand plaisir en m'informant de votre arrivée.

> Pourquoi ne dirait-on pas : *la vôtre* m'a causé le plus grand plaisir, etc.?

2. *Cette lettre* est pour vous faire savoir que nous acceptons vos propositions.

> Pourquoi n'est-il pas permis de dire : *celle-ci* est pour vous faire savoir, etc.?

3.   Quel est donc l'excès de ma misère,
> Si le trépas *des miens* me devient nécessaire !

> Comment le pronom possessif *les miens* est-il employé dans les vers qui précèdent?

4. Après un court engagement, *les leurs* prirent la fuite et *les nôtres* restèrent maîtres du champ de bataille.

> Comment les pronoms *les leurs* et *les nôtres* sont-ils employés dans cette phrase?

5. J'attendais avec impatience *votre lettre* en date du huit mai dernier.

> Pourquoi ne peut-on pas dire : *la vôtre* en date du...?

6. Je vous écris *cette lettre* pour vous rappeler la demande que je vous ai faite précédemment.

> Pourquoi ne faut-il pas dire : Je vous écris *celle-ci* pour, etc.?

7. Des frères bien unis ne connaissent pas *le mien* ni *le tien*.

> Comment les pronoms *le mien* et *le tien* sont-ils employés dans la phrase qui précède?

8. L'objet de *cette lettre* est de vous exprimer mes sin-cères félicitations pour le succès que vous avez obtenu.

Pourquoi ne dirait-on pas : L'objet de *celle-ci...?*

9. *Les nôtres* ont toujours montré à la guerre autant d'humanité que de courage.

Comment doit-on considérer le pronom *les nôtres* dans cette phrase?

10. *Votre lettre*, datée de Rouen, m'est arrivée trop tard.

Pourquoi n'est-il pas permis de dire : *La vôtre*, datée de...?

11. *Cette lettre* a pour objet de vous donner les explica-tions que vous me demandez.

Pourquoi ne pourrait-on pas dire *celle-ci* a pour objet...?

12. Puisqu'ils y ont mis *du leur*, pourquoi hésitez-vous à y mettre *du vôtre*.

Dites comment les pronoms *le leur* et *le vôtre* sont employés dans cette phrase.

13. *Votre lettre* du mois dernier a éprouvé beaucoup de retard.

Pourquoi ne dit-on pas : *La vôtre* du mois dernier...?

14. Quand on veut vivre bien ensemble, chacun doit y mettre *du sien.*

Comment le pronom possessif *le sien* est-il employé dans cette phrase?

15. *Cette lettre* vous confirmera mon adhésion au projet que vous m'avez présenté.

Pourquoi ne doit-on pas dire *celle-ci* vous confirmera?

CHAPITRE IX.

SYNTAXE DES PRONOMS RELATIFS.

(Voy. *Nouvelle grammaire*, n° 475 et suivants.)

1. Loin des personnes *qui* nous sont *chères*, toute demeure est un désert.

> Pourquoi le pronom relatif *qui* est-il au féminin, au pluriel et à la troisième personne?

2. Tous furent faits prisonniers, à l'exception de nous deux, *qui parvînmes* à nous échapper.

> Pourquoi dit-on *qui parvînmes*, et non pas *qui parvinrent?*

3. Nous sommes les seuls *qui* vous *aient rendu* justice.

> Pourquoi dit-on *qui* vous *aient rendu*, et non *qui* vous *ayons rendu?*

4. Il y a dans les anciens une certaine simplicité qui plaît.

> Pourquoi ne dirait-on pas : Il y a une certaine simplicité dans les anciens qui plaît ?

5. La vie est un pèlerinage *auquel* nous soumet la Providence.

> Pourquoi dit-on *auquel*, et non pas *à qui?*

6. Que de reconnaissance mérite la bonté de Dieu, *lequel* a gravé dans nos cœurs l'amour de la vertu !

> Pourquoi *lequel* est-il employé au lieu de *qui?*

7. L'ennui est une maladie *dont* le travail est le remède.

> Pourquoi fait-on usage du pronom *dont?*

8. Un peuple puissant et éclairé ne rétrograde pas plus qu'un chêne ne rentre dans le gland *d'où* il est sorti.

> Pourquoi emploie-t-on *d'où?*

9. Du sang *dont* vous sortez conservez la mémoire.

Pourquoi emploie-t-on le pronom *dont*, et non pas *d'où?*

10. Le phénix, que l'on croit *renaître* de ses cendres, est un oiseau fabuleux.

Pourquoi ne dit-on pas : Le phénix que l'on croit *qui renaît* de ses cendres est un oiseau fabuleux?

11. Quand il s'agit d'une bonne action, n'hésitez pas à l'entreprendre, et vous ne serez pas *les seuls qui y concourront.*

Pourquoi ne dites-vous pas *qui y concourrez?*

12. Une bonne éducation nous prépare à vaincre les obstacles que nous pensons pouvoir rencontrer dans la vie.

Pourquoi ne faut-il pas dire *que nous pensons que nous pourrons* rencontrer...?

13. Mon ami, toi *qui es pourvu* de ce qui est nécessaire, pense souvent à ceux *qui sont dénués* de tout.

Pourquoi le premier *qui* est-il au masculin, au singulier et à la seconde personne; et le second au masculin, au pluriel et à la troisième personne?

14. Si vous êtes d'une race illustre, songez souvent aux grands exemples de ceux *dont* vous êtes descendu.

Expliquez pourquoi il faut dire *dont vous êtes descendu*, et non *d'où vous êtes descendu.*

15. Vous êtes, Dieu merci, plusieurs *qui* ne *donnez* pas l'exemple de la paresse.

Pourquoi dit-on *qui* ne *donnez* pas, et non pas *qui* ne *donnent* pas?

16. La personne que je croyais *voir* arriver hier a trompé mon attente.

Pourquoi ne dites-vous pas *que je croyais que je verrais arriver?*

17. Comment nous plaindrions-nous de vous, nous *qui sommes* si *contents* des progrès que vous avez faits.

> Dites pourquoi *qui* est au masculin, au pluriel et à la première personne.

18. On ne peut compter les belles actions de nos soldats, *lesquels* (en parlant des *soldats*) ou *lesquelles* (en parlant des *actions*) ont excité l'admiration du monde entier.

> Par quel raison dit-on *lesquels* ou *lesquelles ont rempli*, et non *qui ont rempli?*

19. O mon ami, tu es le seul *qui* ne m'*ait* pas abandonné dans mon malheur.

> Pourquoi ne dites-vous pas *qui ne m'aies* pas abandonné?

20. Votre présence a fait à sa douleur une *diversion qui* lui a été bien salutaire.

> Dites pour quelle raison on ne dirait pas *a fait une diversion à sa douleur qui lui a été bien salutaire.*

21. Que je plains un enfant paresseux et opiniâtre *dont* les maîtres ne peuvent rien obtenir!

> Pourquoi fait-on usage du pronom *dont?*

22. Vous avez admiré le dévouement de cette domestique, *laquelle* (en parlant de la domestique), ou *lequel* (en parlant du dévouement), a mérité le prix Montyon.

> Pourquoi au lieu de *lequel* ou de *laquelle*, ne doit-on pas employer le pronom *qui?*

23. C'est la ville de Poitiers près *de laquelle* les Français ont subi une grande défaite et remporté une grande victoire.

> Pourquoi ne peut-on pas dire *près de qui* au lieu de *près de laquelle?*

24. Il n'y a que vous *qui soyez disposés* à me rendre ce service.

> Expliquez pourquoi le pronom *qui* est au masculin, au pluriel et à la seconde personne.

25. Ce sont les grandes scènes de la nature *dont* la splendeur fait mieux sentir la toute-puissance divine.

Pourquoi emploie-t-on ici le pronom *dont?*

26. Il a trouvé dans l'adoucissement des maux d'autrui un *soulagement qu*'il aurait inutilement cherché dans de vaines distractions.

Pourquoi ne dirait-on pas : *Il a trouvé un soulagement dans l'adoucissement des maux d'autrui qu'il aurait...?*

27. La peur des revenants est une faiblesse qu'on ne peut supposer *avoir pu* atteindre des esprits raisonnables.

Pourquoi ne doit-on pas dire *qu'on ne peut supposer qui ait pu atteindre...?*

28. Les crèches sont des institutions bienfaisantes *auxquelles* les mères doivent porter un vif intérêt.

Pourquoi faut-il dire *auxquelles*, et non pas *à qui?*

29. C'est la race des Capétiens *dont* sont issus saint Louis, Henri IV et Louis XIV.

Pourquoi mettez-vous *dont*, et non pas *d'où?*

50. Les hommes vraiment vertueux ont, même dans le malheur, *une sérénité qui* excite l'admiration.

Pourquoi ne doit-on pas dire *ont une sérénité même dans le malheur, qui excite...?*

51. L'enfant qui donne le plus d'espérances est celui *dont* la modestie rehausse les bonnes qualités.

Dites pourquoi on fait usage du pronom *dont.*

52. Nous étions dix *qui osâmes* nous opposer à une résolution si funeste.

Pourquoi dit-on *qui osâmes*, et non pas *qui osèrent?*

53. Il existe un arbitre du sort des humains *duquel* nous sommes tous les enfants.

Pourquoi, dans cette phrase, emploie-t-on *duquel* au lieu d'employer *de qui?*

54. Aimez votre mère *qui* a toujours été si *bonne* et si *dévouée* pour vous.

Expliquez pourquoi le pronom *qui* est au féminin, au sin-gulier et à la troisième personne.

55. Sparte est la cité intrépide *d'où* Léonidas sortit pour aller mourir aux Thermopyles.

Pourquoi employez-vous *d'où ?*

56. Il n'y a que les hommes *qui sont placés* à la tête des nations qui sachent combien il est difficile de gouverner.

Dites pourquoi *qui* est au masculin, au pluriel et à la troi-sième personne.

57. L'hypocrisie est un défaut odieux pour *lequel* il ne doit pas y avoir d'indulgence.

Pourquoi faut-il dire *pour lequel*, et non *pour qui ?*

58. Nous étions quatre amis *qui* ne *quittaient* pas son lit de douleur.

Pourquoi dit-on *qui* ne *quittaient* pas, et non pas *qui* ne *quittions* pas ?

39. C'est un égoïste *dont* tous les calculs sont intéressés et *dont* il ne faut attendre aucun bon mouvement.

Pourquoi, dans la phrase qui précède, employez-vous le pronom *dont ?*

40. Il y a dans les bons et les mauvais exemples *une puissance dont* on ne saurait se faire une idée.

Pourquoi ne peut-on pas dire : *Il y a une puissance dans les bons et les mauvais exemples dont...?*

41. La médisance est un penchant de l'âme à penser mal des hommes, *lequel* se manifeste par des paroles.

Pourquoi emploie-t-on *lequel* au lieu de *qui?*

42. Le soleil, que l'on voyait *apparaître* à la cime des montagnes, présentait un magnifique spectacle.

Pourquoi ne dirait-on pas que l'on voyait *qui apparaissait?*

43. Il n'y avait que vous *seuls qui pussiez* émettre une opinion si hardie.

Pourquoi dit-on *qui pussiez*, et non pas *qui pussent ?*

44. Il est digne en tout point de l'excellente famille *dont* il est sorti.

Pourquoi mettez-vous ici *dont*, et non pas *d'où ?*

45. La perfection est un but vers *lequel* il faut tendre pendant toute la vie.

Pourquoi ne doit-on pas dire *vers qui* au lieu de *vers lequel?*

46. La vie est une prison *d'où* la mort nous fait sortir.

Pourquoi employez-vous *d'où ?*

47. Nous étions heureusement plusieurs *qui préférions* la mort au déshonneur.

Pourquoi ne doit-on pas dire *qui préféraient* la mort au déshonneur ?

CHAPITRE X.

SYNTAXE DES PRONOMS INDÉFINIS.

(Voy. *Nouvelle grammaire*, n° 485 et suivants.)

1. Ce qui ne plaît qu'aux yeux dans un instant s'oublie :
Le charme dure peu, quand *on* n'est que *jolie.*

Dans quel cas l'adjectif se rapportant à *on* se met-il au féminin ?

2. Quand *on* s'aime et qu'*on* a vécu longtem ps *séparés,* on se retrouve avec bonheur.

Dans quel cas l'adjectif qui se rapporte à *on* se met-il au pluriel ?

5. On craint de déplaire aux hommes, et *l'on* ne craint pas de déplaire à Dieu.

Pourquoi emploie-t-on *l'on*, et non pas *on?*

4. Si *l'on* pouvait lire dans le cœur du méchant, on serait étonné des tourments qu'il endure.

Pourquoi fait-on usage de *l'on*, et non pas de *on?*

5. Les pays où *l'on* est le plus libre , sont ceux où les lois exercent l'empire le plus absolu.

Pourquoi emploie-t-on *l'on*, au lieu de *on?*

6. *On* perd tout le temps qui peut être mieux employé.

Pourquoi fait on usage de *on* et non pas de *l'on?*

7. Les hommes jugent les actions des autres , *chacun* d'après *son* caractère et *ses* habitudes.

Pourquoi *chacun* est-il suivi de *son*, *ses?*

8. Les peuples ont *chacun leurs* usages et *leurs* habitudes.

Pourquoi *chacun* est-il suivi de *leurs, leurs?*

9. Il n'est *personne* qui ne cherche à se rendre *heureux.*

Pour quelle raison *personne* est-il du genre masculin ?

10. La modération des *personnes heureuses* vient du calme que la bonne fortune donne à leur humeur.

Pour quel motif *personne* est-il du genre féminin ?

11. *L'un et l'autre*, à mon sens, ont le cerveau troublé.

Pourquoi emploie-t-on *l'un et l'autre*, et non pas *l'un l'autre?*

12. Le tien et le mien sont deux ennemis qui se détestent *l'un l'autre.*

Pourquoi fait-on usage de *l'un l'autre*, et non pas de *l'un et l'autre?*

13. Les Romains et les Volsques se regardaient *les uns les autres* d'un air menaçant.

Pourquoi met-on *les uns les autres* au pluriel?

14. Bossuet et Fénelon se sont distingués *l'un et l'autre* par des mérites différents.

Pourquoi employez-vous *l'un et l'autre*, et non pas *l'un l'autre?*

15. Peut-on être plus *unis* que ne le sont ces deux jeunes gens ?

Dites pourquoi le modificatif *unis* est au pluriel.

16. Il n'est *personne* qui ne doive se montrer *respectueux* envers les vieillards, *compatissant* envers les infirmes, *bienveillant* envers tous.

Pour quelle raison *personne* est-il du masculin?

17. Après une vive discussion, ils ont émis leur opinion, *chacun* à *son* tour.

Dites pour quelle raison *chacun* est suivi de *son*.

18. *On* est saisi d'admiration en pensant à tout le bien que saint Vincent de Paule a su accomplir.

Pourquoi emploie-t-on *on*, et non pas *l'on?*

19. Ces pauvres gens ont offert généreusement *chacun leur* obole.

Pourquoi *chacun* est-il ici suivi de *leur?*

20. Voltaire et Fréron se détestaient *l'un l'autre.*

Pourquoi emploie-t-on *l'un l'autre*, et non *l'un et l'autre?*

21. Miltiade s'illustra à la bataille de Marathon, *où l'on* vit briller tout le courage des Grecs.

Pourquoi dites-vous *où l'on* vit plutôt que *où on vit?*

22. Tous les hommes ont *chacun leurs* qualités et *chacun leurs* défauts, et doivent par conséquent être indulgents les uns envers les autres.

Pourquoi dans cette phrase chacun est-il suivi de *leurs?*

23. Nous devons tous nous secourir *les uns les autres.*

Pourquoi employez-vous *les uns les autres*, et non *l'un l'autre?*

24. Quand on est *égaux* de position et de fortune, le manque d'égards paraît encore plus pénible.

Dites pourquoi l'adjectif *égaux* est au pluriel.

25. Les *personnes* les plus *ignorantes* sont quelquefois les plus *prétentieuses.*

Pourquoi *personnes* est-il ici du genre féminin?

26. Le maître récompensera tous les bons écoliers, *chacun* selon *son* mérite.

Dites pourquoi *chacun* est suivi de *son*.

4

27. *L'un et l'autre* ont reçu les mêmes conseils; mais ils en ont profité bien différemment.

Pourquoi emploie-t-on ici *l'un et l'autre,* et non *l'un l'autre?*

28. *On* ne doit jamais rendre le mal pour le mal.

Pourquoi emploie-t-on *on* plutôt que *l'on?*

29. On croirait que *personne* ne peut être assez *ennemi* de soi-même pour se rendre *malheureux* à plaisir, si l'on ne voyait les avares se refuser les choses les plus nécessaires.

Pourquoi *personne* est-il du genre masculin?

30. Qu'il est doux de se revoir, quand on s'est cru *séparés* pour toujours!

Pourquoi le modificatif *séparés* est-il au pluriel?

31. Les *personnes ingrates* méritent d'être *délaissées* de tout le monde.

Pour quelle raison *personnes* est-il au féminin?

32. *Si l'on* vous disait *où l'on* a enfoui des trésors injustement acquis et qu'on offrît de vous les livrer, vous ne devriez pas les accepter.

Pourquoi faites-vous usage de *l'on* au lieu de *on?*

33. Aimez-vous *les uns les autres*, répétait sans cesse saint Jean à ses disciples.

Pourquoi mettez-vous *les uns les autres,* et non *l'un l'autre?*

34. Il n'y a *personne* qui ne cherche à se rendre *heureux.*

Pourquoi *personne* est-il du genre masculin?

35. Quand on est *douce* et *aimante*, on est toujours *chère* à son mari.

Pourquoi les adjectifs *douce, aimante, chère* se rapportant à *on* sont-ils au féminin?

36. S'ils travaillent avec courage, ils recevront *chacun leur* récompense.

Pourquoi *chacun* est-il suivi de *leur?*

37. Par leur rivalité et leur jalousie, ces deux négociants n'ont réussi qu'à se ruiner *l'un l'autre*.

Expliquez pour quelle raison on met ici *l'un l'autre*, et non pas *l'un et l'autre*.

58.   Le véritable amphitryon,
         Est l'amphitryon *où l'on* dîne.

Pourquoi dit-on *où l'on* dîne, et non pas *où on* dîne?

59. *Personne* ne peut être assez *sûr* de soi-même pour répondre de n'être pas *aveuglé* par la prospérité.

Pourquoi *personne* est-il du masculin?

40. Quand on est *fière* et peu *obligeante*, il est difficile qu'on obtienne l'amitié de ses compagnes.

Pourquoi les adjectifs *fière* et *obligeante* sont-ils au féminin?

41. Les soldats romains partaient en campagne, emportant *chacun leur* bagage.

Dites pour quelle raison *chacun* est suivi de *leur*.

42. Les *personnes* incapables d'oublier les bienfaits, sont ordinairement *généreuses*.

Dites pourquoi *personne* est féminin.

45. Quand on est bonne mère, on est *dévouée* à ses enfants, et l'on ne recule devant aucun sacrifice pour faire leur bonheur.

Expliquez pourquoi le modificatif *dévouée* est au féminin.

44. Ces deux amis ont *l'un et l'autre* les mêmes goûts, les mêmes soins, les mêmes plaisirs.

Pourquoi emploie-t-on ici *l'un et l'autre*, et non pas *l'un l'autre?*

45. Dieu jugera tous les hommes, *chacun* selon *ses* œuvres.

Pourquoi *chacun* est-il suivi de *ses?*

46. On devient rarement *amis*, quand on a été *rivaux*.

Pourquoi les adjectifs *amis* et *rivaux* sont-ils au pluriel, quoiqu'ils se rapportent à *on?*

47. *On* croit gagner en faisant le mal, *et l'on* se trompe.

Pourquoi dit-on *on croit*, *et l'on se trompe*, et non pas *l'on croit, et on se trompe?*

48. Deux bons camarades cherchent à se dépasser *l'un l'autre*, mais jamais à se nuire.

Pourquoi ne dites-vous pas cherchent à se dépasser *l'un et l'autre?*

49.   Grippeminaud, le bon apôtre,
        Mit les plaideurs d'accord en croquant *l'un et l'autre.*

Pourquoi emploie-t-on *l'un et l'autre*, et non pas *l'un l'autre?*

50. Ils ont agi en cette circonstance, *chacun* selon *son* intérêt, et non *chacun* selon *son* devoir.

Pourquoi *chacun* est-il suivi de *son?*

51. Il vit son fils déshonoré, *et l'on* dit qu'il mourut de douleur.

Pourquoi emploie-t-on ici *l'on* au lieu de *on?*

52. Quand sur *une personne* on prétend se régler,
        C'est par ses beaux côtés qu'il lui faut ressembler.

Pourquoi *personne* est-il féminin ?

53. Quand on est *aimables*, *riches* et *généreuses*, comme vous, mesdames, on est *sûres* d'avoir des amies.

Pourquoi les adjectifs *aimables*, *riches*, *généreuses* et *sûres*, sont-ils au féminin et au pluriel?

54. Les hommes sont faits pour se consoler *les uns les autres.*

Pourquoi emploie-t-on *les uns les autres*, et non *l'un l'autre?*

55. *Si l'on* faisait le procès aux livres des grandes bibliothèques, combien de tablettes seraient vides.

Pourquoi dit-on *si l'on*, et non pas *si on?*

CHAPITRE XI.

SUJET. — ACCORD DU VERBE.

(Voy. *Nouvelle grammaire*, n° 496 et suivants.)

1. La chose dans laquelle Socrate semble le plus admirable, c'est sa résignation au moment de subir une mort injuste.

Pourquoi ne dirait-on pas : *En quoi* Socrate semble le plus admirable *est* sa résignation au moment, etc. (*a*) ?

2. Les facultés de l'esprit sont comme les plantes : mieux on les cultive, plus elles donnent de fruits.

Pourquoi n'est-il pas permis de dire : Les facultés de l'esprit sont comme les plantes, *qui*, mieux on les cultive, plus elles donnent de fruits (*b*) ?

5. La terre, étant couverte d'herbes épaisses et touffues, ne s'échauffe ni ne se dessèche jamais.

Pourquoi serait-il mal de dire : La terre étant couverte d'herbes épaisses et touffues, *elle* ne s'échauffe ni ne se dessèche jamais ?

4. L'ingratitude *annonce* un cœur dépravé.

Expliquez pourquoi le verbe *annonce* est à la troisième personne du singulier.

5. La paresse et la nonchalance *conduisent* à la misère.

Dites pourquoi le verbe se met à la troisième personne du pluriel.

6. Mentor et moi lui *promîmes* de revenir dans son île.

Expliquez la raison pour laquelle *promîmes* est à la première personne du pluriel.

(*a*) *Explication.* Cette construction est incorrecte par la raison que le verbe *est*, employé à un mode personnel, n'a pas de sujet.

(*b*) *Explication. On* étant le sujet de *cultive*, et *elles* le sujet de *donnent*, le pronom *qui*, employé comme sujet, n'a pas de verbe qui puisse lui être attribué.

7. La fierté, la hauteur *est* le propre du caractère espagnol.

Avec quel sujet s'accorde le verbe *est?*

8. L'ignorance ou l'erreur *peut* servir d'excuse à bien des fautes.

Avec quel sujet s'accorde le verbe *peut?*

9. Vous ou votre ami n'*avez pu* insulter au malheur.

Pourquoi le verbe *avez pu* est-il au pluriel, quoique les mots formant le sujet soient unis par la conjonction *ou?*

10. Un jour, une heure, un moment bien employé *peut* être fécond en heureux résultats.

Avec lequel des trois sujets s'accorde le verbe *peut?*

11.   Sa tendresse pour moi, l'intérêt de sa gloire,
           Sa vertu, *tout* enfin me *défend* de le croire.

Avec lequel des sujets qui précèdent s'accorde le verbe *défend?*

12. Le ciron, ainsi que l'éléphant, *atteste* la puissance du Créateur.

Quel est celui des deux sujets, *ciron* et *éléphant*, qui détermine l'accord du verbe?

13. *L'un et l'autre* (Molière et Boileau) *ont contribué* à la gloire de la France.

Pourquoi le verbe est-il au pluriel?

14. *Ni* Corneille, *ni* La Fontaine ne *furent* courtisans; aussi *ni l'un ni l'autre* n'*eurent* part aux faveurs de Louis XIV.

Pourquoi les verbes *furent* et *eurent* sont-ils au pluriel?

15. *Ni l'un ni l'autre* n'*a été* nommé président des États-Unis.

Pourquoi le verbe est-il au singulier après *ni l'un ni l'autre?*

16. Se nourrir de mets simples et manger modérément *sont* le moyen de conserver sa santé.

Pourquoi le verbe *sont* est-il au pluriel?

17. Faire le bien et pardonner à ceux qui font le mal, *c'est* le devoir d'un chrétien.

Pourquoi le verbe *être* est-il au singulier, malgré les deux infinitifs qui précèdent?

18. Si *ce sont* les guerriers qui soumettent les peuples, *ce sont* les magistrats qui les civilisent.

Pourquoi le verbe *être* précédé de *ce* est-il au pluriel?

19. Si le nombre des cultivateurs *était doublé*, les terres rapporteraient bien d'avantage.

Pourquoi le verbe s'accorde-t-il avec le collectif *le nombre*, et non pas avec le substantif *cultivateurs* (1)?

20. Une infinité d'étoiles ne *sont vues* qu'à l'aide du télescope.

Pourquoi le verbe *sont vues* s'accorde-t-il avec le substantif *étoiles* et non avec le collectif *une infinité*?

21. La plupart des plantes ne *vivent* qu'une année.

Pourquoi le verbe s'accorde-t-il avec le substantif *plantes*?

22. Trop d'hommes *préfèrent* le plaisir au bonheur.

Pourquoi le verbe s'accorde-t-il avec le substantif *hommes*?

23. Trop de précipitation *peut* faire manquer une entreprise.

Le verbe *peut* s'accorde-t-il avec l'adverbe *trop* ou avec le substantif *précipitation*?

24. Les hommes donnent facilement des conseils, mais peu en *acceptent* la responsabilité.

Pourquoi le verbe *acceptent* est-il employé au pluriel?

25. Il n'y a que moi qui *m'intéresse* à votre sort.

Pourquoi ne doit-on pas dire : Il n'y a que moi *qui s'intéresse* à votre sort?

---

(1) Pour expliquer l'emploi du verbe en rapport avec un collectif ou le substantif complément du collectif, il faut consulter la règle établie au n° 517 de la *Nouvelle grammaire*, et notamment la règle 519, qui s'applique au plus grand nombre de cas.

26. C'est la jeunesse ou l'inexpérience *qui* nous *fait* commettre bien des fautes.

Expliquez pourquoi le verbe *fait* est mis au singulier.

27. Ce n'est ni l'affliction ni le désespoir *qui conjurent* la mauvaise fortune.

Dites pour quel motif le verbe *conjurent* est employé au pluriel.

28. A la prise de Jérusalem, vieillards, femmes, enfants, *rien* ne *fut* épargné.

Dites pourquoi le verbe *fut* se met au singulier.

29. Ce n'est ni l'un ni l'autre de ces deux généraux *qui aura* le commandement en chef de cette expédition.

Expliquez l'accord du verbe *aura* avec le pronom sujet *qui*.

30. Nous croyons que tout change, quand *c'est* nous qui changeons.

Pourquoi le verbe *être* précédé de *ce* est-il au singulier?

51. Nous *jugeons* souvent des autres d'après nous-mêmes.

Pourquoi *jugeons* est-il à la première personne du pluriel?

52. Il y a dans ce drame une multitude de scènes *qui excitent* l'intérêt au plus haut degré.

Pourquoi le verbe *excitent* est-il au pluriel?

55. L'homme est un être si faible, qu'un choc, qu'un geste, qu'un grain de sable *suffit* pour l'anéantir.

Pourquoi *suffit* s'accorde-t-il avec le dernier substantif?

54. L'homme qui est sans pitié pour les autres, mérite qu'on soit impitoyable pour lui.

Pourquoi ne faut-il pas dire: L'homme qui est sans pitié pour les autres, *il* mérite qu'on soit impitoyable pour lui?

55 Vous et votre père vous *avez acquis* des droits à l'estime publique.

Pourquoi *avez acquis* est-il à la deuxième personne du pluriel?

56. *C'est* la vérité et la justice qui sont l'aliment de l'âme.

Pourquoi le verbe *être* précédé de *ce* est-il au singulier ?

57. Napoléon montra, en toutes circonstances, une activité, une vivacité d'exécution *qui étonna* ses ennemis.

Pourquoi *étonna* est-il au singulier ?

58. La colombe *attendrit* les échos des forêts.

Pourquoi *attendrit* est-il à la troisième personne du singulier ?

59. Avant tout compte sur toi : parents, amis, voisins, chacun *préfère* son intérêt à celui de tout autre.

Expliquez comment se fait l'accord du verbe *préfère*.

40. Vieillir et avoir de l'expérience ne *sont* pas deux choses qui découlent l'une de l'autre.

Pourquoi *sont* est-il au pluriel ?

41. Peu d'hommes *connaissent* le prix du temps.

Pourquoi *connaissent* est-il au pluriel ?

42. Les bavards ressemblent à des cruches : plus elles sont vides, plus elles font de bruit.

Pourquoi ne doit-on pas dire : Les bavards ressemblent à des cruches *qui* plus elles sont vides, plus elles font de bruit ?

43. Vous ou lui *comprendrez* enfin que les leçons de l'expérience coûtent cher.

Pourquoi *comprendrez* est-il au pluriel, les deux sujets étant unis par *ou ?*

44. Ni l'un ni l'autre de ces deux écrivains ne *manquent* de grâce ni d'élégance.

Pourquoi *manquent* est-il au pluriel ?

45. Une foule de soldats hors d'état de suivre l'armée *restèrent* en Russie.

Pourquoi *restèrent* est-il au pluriel ?

46. *Ce* en quoi Fénelon eut beaucoup de difficultés à surmonter, ce *fut* l'éducation du duc de Bourgogne.

Pourquoi ne faudrait-il pas dire : En quoi Fénelon eut beaucoup de difficultés *fut* l'éducation, etc. ?

4.

47. Trop de lenteur ou trop d'empressement *empêche* d'arriver au but.

Dites avec quel mot s'accorde le verbe *empêche*.

48. Quand on étudie Corneille et Racine, on trouve que l'un et l'autre *ont* des mérites bien différents.

Pourquoi *ont* est-il au pluriel?

49. Dans ce monde la moitié des humains *rit* de l'autre.

Pourquoi le verbe *rit* est-il au singulier?

50. La gloire et la prospérité des méchants *durent* peu.

Pourquoi *durent* est-il à la troisième personne du pluriel?

51. Ni votre frère, ni votre ami n'*a obtenu* le prix d'honneur.

Pourquoi le verbe est-il au singulier, quoique chacun des substantifs sujets soit précédé de *ni?*

52. La température a été si froide, que la totalité des orangers *a été gelée.*

Pourquoi *a été gelée* est-il au singulier?

53. C'est la bonté, la bienveillance *qui captive* tous les cœurs.

Pourquoi *captive* est-il au singulier?

54. Voir les hommes tels qu'ils sont, et ne pas trop compter sur eux, *c'est* le moyen de ne pas éprouver de désappointements.

Pourquoi le verbe *être* est-il au singulier, quoiqu'il soit précédé de deux infinitifs?

55. Le calme, le sang-froid *s'allie* très bien avec le courage.

Pourquoi *s'allie* s'accorde-t-il avec le dernier substantif?

56. Les Français *habitent* le plus beau pays de l'Europe.

Pourquoi *habitent* est-il à la troisième personne du pluriel?

57. La multitude d'étoiles qu'on découvre avec le télescope *effraie* l'imagination, quand on pense que chaque étoile est un soleil.

Pourquoi *effraie* est-il au singulier?

58. L'une et l'autre de ces deux guerres *ont eu* pour objet l'agrandissement des possessions anglaises.

Pourquoi le verbe *ont eu* est-il au pluriel?

59. La crainte ou l'indécision *annonce* un caractère faible.

Dites avec quel mot s'accorde le verbe *annonce*.

60. La santé, comme la fortune, *retire* ses faveurs à ceux qui en abusent.

Dites avec quel sujet s'accorde le verbe *retire*.

61. *Ce sont* les Génois qui ont imaginé la boussole.

Pourquoi le verbe *être* précédé de *ce* est-il au pluriel?

62. On ne saurait trop admirer la force ou la pompe *qui caractérise* le style de Bossuet.

Expliquez l'accord du verbe *caractérise* avec le pronom sujet *qui*.

63. Une infinité d'hommes *manquent* des choses les plus nécessaires à la vie.

Pourquoi *manquent* est-il au pluriel?

64. Le courage, la bravoure ne *suffit* pas pour faire un héros.

Expliquez pourquoi *suffit* est au singulier.

65. Le roi Jean, s'étant précipité dans la mêlée, fut enveloppé par les Anglais, qui le firent prisonnier.

Pourquoi ne faut-il pas dire: Le roi Jean s'étant précipité dans la mêlée, IL fut enveloppé, etc.?

66. Votre paresse ou votre négligence vous *empêchera* de faire des progrès.

Dites avec quel substantif s'accorde le verbe *empêchera*.

67. Les grandes richesses, ainsi qu'une haute naissance, ne *sont* pas toujours un élément de bonheur.

Dites pourquoi le verbe *sont* est au pluriel.

68. Venir, voir et vaincre ne *furent* qu'une seule et même chose pour César.

Pourquoi *furent* est-il au pluriel?

69. *Ce sont* les sentiments religieux qui purifient et élèvent l'âme.

Pourquoi le verbe *être* précédé de *ce* est-il au pluriel?

70. Le temps ou la mort *met* un terme à nos afflictions et à nos maux.

Expliquez pourquoi *met* est au singulier.

71. Être indulgent, faire du bien, et ne jamais nuire à personne, *c'est* le moyen de n'avoir que des amis.

Pourquoi le verbe *être* est-il au singulier malgré les infinitifs qui précèdent?

72. Un grand nombre de nos actions *ont* pour objet le plaisir, et non le bonheur.

Pourquoi le verbe *ont* est-il au pluriel?

73. La France, l'Europe, le monde entier *a retenti* du bruit de ses exploits.

Avec quel substantif s'accorde *a retenti?*

74. Les hommes, pour la plupart, étant jaloux et envieux, sont rarement justes envers les autres.

Pourquoi serait-il incorrect de dire : Les hommes, pour la plupart, étant jaloux et envieux, *ils* sont rarement justes envers les autres?

75. Beaucoup d'insectes ne *vivent* que quelques jours.

Pourquoi *vivent* est-il au pluriel?

76. L'ignorance et l'aveuglement nous *font* commettre bien des fautes.

Pourquoi *font* est-il à la troisième personne du pluriel?

77. La plupart, poursuivis par l'ennemi, *se réfugièrent* dans les bois.

Pourquoi *se réfugièrent* est-il au pluriel?

78. La Fontaine fut oublié, ainsi que Corneille, parce que ni l'un ni l'autre n'*avaient loué* le grand roi.

Pourquoi *avaient loué* est-il au pluriel?

79. C'est presque la totalité des hommes *qui sacrifie* l'avenir au présent.

Expliquez l'accord du verbe *sacrifie* avec le pronom sujet *qui*.

80. Si le ciel a jamais créé deux êtres ayant les mêmes sentiments et les mêmes goûts, *c'est* vous et moi.

Pourquoi le verbe *être* précédé de *ce* est-il au singulier?

81. Bien penser et bien dire *constituent* l'éloquence.

Pourquoi *constituent* est-il au pluriel?

82. Grands et petits, riches et pauvres, *personne* ne *peut* se soustraire à la mort.

Expliquez avec quel mot s'accorde le verbe *peut*.

83. La cupidité, aussi bien que les autres passions, *est* comme un chariot qui descend une montagne.

Pourquoi *est* s'accorde-t-il avec *cupidité?*

84. Votre ami et moi nous *lisons* les historiens romains.

Pourquoi *lisons* est-il à la première personne du pluriel?

85. *C'est* Racine et Boileau qui ont le plus contribué à la pureté de notre langue.

Pourquoi le verbe *être* précédé de *ce* est-il au singulier?

86. Bien vivre et bien mourir *sont* deux choses que beaucoup d'hommes ignorent.

Pourquoi le verbe *sont* est-il au pluriel?

87. L'un et l'autre (Cicéron et Quintilien) *pensaient* que c'est dans les poëtes qu'il faut chercher des modèles de style.

Pourquoi *pensaient* est-il au pluriel?

88. *Ce sont* les passions qui empêchent l'homme d'être heureux.

Pourquoi le verbe *être* précédé de *ce* est-il au pluriel?

89. Malheureuse famille, il n'est que moi qui *m'intéresse* à ton sort.

> Pourquoi serait-il incorrect de dire : il n'est que moi qui *s'intéresse* à ton sort?

90. Quelques paroles bienveillantes, un sourire gracieux, un regard *suffit* quelquefois pour nous gagner les cœurs.

> Pourquoi le verbe *suffit* s'accorde-t-il avec le dernier substantif?

91. *Ce* en quoi nous avons tort, *c'*est de juger des autres d'après nous-mêmes.

> Pourquoi ne faut-il pas dire : En quoi nous avons tort *est* de juger les autres d'après nous-mêmes?

92. La plus grande partie des fruits *flatte* notre vue et notre odorat.

> Pourquoi *flatte* est-il au singulier?

93. La grandeur d'âme, les sentiments nobles, *sont* donnés à bien peu d'hommes.

> Expliquez pourquoi *sont* est au pluriel.

94. Ni la fortune ni un rang élevé ne *sauraient* rendre le calme à une âme déchirée par les remords.

> Pourquoi *sauraient* est-il au pluriel?

95. Beaucoup *sont* capables de donner de bons conseils, et peu *savent* les suivre.

> Pourquoi *sont* et *savent* sont-ils au pluriel?

96. Naître, vieillir et mourir, *c'est* le sort commun à tous les hommes.

> Pourquoi le verbe *être* est-il au singulier malgré les infinitifs qui précèdent?

97. Quoique ces deux hommes d'État aient fait leurs preuves, *ni l'un ni l'autre* ne *sera nommé* premier ministre.

> Pourquoi le verbe *sera nommé* est-il au singulier après *ni l'un ni l'autre?*

98. Une multitude de préjugés nous *empêchent* de juger sainement des choses.

Pourquoi le verbe *empêcher* est-il au pluriel?

99. Le désœuvrement ou l'ennui *conduit* souvent au vice.

Expliquez pourquoi *conduit* est au singulier.

100. Travailler et persévérer *font* les hommes de mérite.

Pourquoi *font* est-il au pluriel?

101. Assez de maux *accablent* les hommes, sans qu'ils s'en créent d'imaginaires.

Pourquoi *accablent* est-il au pluriel?

102. Toi ou moi n'*avons* pas bien compris ce qu'on nous a dit.

Pourquoi *avons* est-il au pluriel, les deux sujets étant unis par *ou?*

103. L'esprit de l'homme est comme la mer : plus on la contemple, moins on en comprend l'étendue et la profondeur.

Pourquoi ne dirait-on pas : L'esprit de l'homme est comme la mer, *qui*, plus on la contemple, moins on en comprend l'étendue et la profondeur?

104. Néron, craignant qu'on ne conspirât contre sa vie, *fit* arrêter un grand nombre de sénateurs.

Pourquoi ne faut-il pas dire : Néron craignant qu'on ne conspirât contre sa vie, *il* fit arrêter, etc.?

105. Vous *êtes* heureux de soulager la misère de vos semblables.

Pourquoi *êtes* est-il à la seconde personne du pluriel?

106. La multiplicité des chefs *mit* parmi les Phéniciens une confusion, un désordre qui *accéléra* leur perte.

Pourquoi *mit* et *accéléra* sont-ils au singulier?

CHAPITRE XII.

SYNTAXE DU COMPLÉMENT DES VERBES.

(Voy. *Nouvelle grammaire*, nº 525 et suivants.)

1. Le moyen de vivre en bonne intelligence avec ses voisins, c'est de ne pas *s'informer de ce* qu'ils font.

> Pourquoi serait-il contre la grammaire de dire : c'est de ne pas *s'informer ce* qu'ils font ?

2. C'est *de Dieu que* vous tenez tous les avantages dont vous jouissez, c'est *à lui que* vous devez toute votre reconnaissance.

> Pourquoi serait-il incorrect de dire : *C'est* DE *Dieu de qui, c'est* À *lui* À QUI ?

5. Les hommes devraient se considérer comme frères, au lieu de *se nuire les uns aux autres,* ainsi que feraient des ennemis.

> Expliquez pour quel motif on ne dit pas : au lieu de *se nuire les uns les autres.*

4. Celui qui peut *approuver une mauvaise action* et *s'en réjouir,* est capable de la commettre.

> Pourquoi ne faut-il pas dire : Celui qui peut *approuver* et *se réjouir d'une mauvaise action?*

5. On se demandait pourquoi une multitude d'étrangers *entraient dans la ville* et *en sortaient* continuellement.

> Expliquez pourquoi on ne doit pas dire : *entraient et sortaient de la ville.*

6. La lassitude procure *un doux sommeil à l'ouvrier laborieux et actif.*

> Pourquoi le complément direct est-il énoncé ici avant le complément indirect ?

7. Rapportez au Créateur tous les avantages qui vous ont été accordés.

> Pourquoi le complément indirect du verbe est-il exprimé avant son complément direct ?

8. Bayard, le plus grand général de François Ier, perdit la vie à Romaguano.

Dites ce qu'il faut faire quand le complément direct et le complément indirect sont d'égale longueur.

9. Il faut souffrir *avec résignation* les maux qui nous affligent.

Pourquoi ne dirait-on pas : Il faut souffrir les maux qui nous affligent *avec résignation?*

10. L'ennui ne tarde pas à gagner ceux qui passent leur temps au jeu et dans les plaisirs les plus frivoles.

Pourquoi ne faut-il pas dire : Qui passent leur temps *à jouer* et *dans les plaisirs les plus frivoles?*

11. Il est rare qu'on soit aimé *de* ceux dont on blâme les défauts.

Pourquoi fait-on usage de la préposition *de* après le verbe passif *soit aimé?*

12. Au seizième siècle, un grand nombre de villes furent ravagées *par* la peste.

Pourquoi emploie-t-on la préposition *par* après le verbe passif *furent ravagées ?*

13. Un homme sage dédaigne *les injures* et n'*y* répond pas.

Pourquoi serait-il incorrect de dire : Un homme sage *dédaigne et ne répond pas aux injures ?*

14. C'est *aux Américains qu*'on doit l'établissement des premiers bateaux à vapeur.

Pourquoi l'emploi de *à qui*, au lieu de *que*, serait-il fautif?

15. Les paquebots à vapeur peuvent, en moins d'un mois, *aller à New-York* et *en revenir.*

Expliquez pourquoi on ne doit pas dire : peuvent, en moins d'un mois, *aller* et *revenir de New-York.*

16. Il faut obliger *avec empressement* les personnes à qui on veut rendre service.

> Pourquoi ne faut-il pas dire : Il faut obliger les personnes à qui on veut rendre service *avec empressement?*

17. C'est *dans la religion* qu'est la source de toutes les vertus.

> Pourquoi serait-il incorrect de dire : C'est *dans la religion où est* la source de toutes les vertus ?

18. Peu de jeunes gens aiment *à cultiver* les sciences *et à se livrer* à des études graves et sérieuses.

> Pourquoi ne doit-on pas dire : Peu de jeunes gens aiment *les sciences* et *à se livrer*, etc.?

19. Tous les citoyens se communiquaient *les uns aux autres* leurs désirs et leurs espérances.

> Expliquez pourquoi on ne peut pas dire : *se communiquaient les uns les autres*, etc.

20. Informez-vous *de ce* dont vos amis peuvent avoir besoin, et n'attendez pas qu'ils vous le demandent.

> Pourquoi ne faut-il pas dire : *Informez-vous ce dont vos amis*, etc. ?

21. Les petites passions ont *un grand empire sur les hommes médiocres et vulgaires.*

> Pourquoi le complément direct est-il exprimé avant le complément indirect ?

22. Les hommes pardonnent quelquefois *à ceux qui* les haïssent, jamais *à ceux qui* les méprisent.

> Expliquez pourquoi on dit : *Pardonnent* à *ceux*, et non *pardonnent ceux.*

23. L'égoïste, n'aimant que lui, n'est aimé *de* personne.

> Pourquoi emploie-t-on *de* comme complément du verbe passif *être aimé?*

24.   Je sais que c'est *à vous que* je fus destinée.

> Pourquoi ne doit-on pas dire : *C'est à vous* à *qui je fus destinée ?*

25. Ce qui lie les hommes *les uns aux autres*, c'est un sentiment d'estime réciproque.

> Expliquez pourquoi il ne faut pas dire : Ce qui lie les hommes *les uns les autres*.

26. Plusieurs planètes ont été découvertes *par* les astronomes de nos jours.

> Pourquoi emploie-t-on *par* comme complément du verbe passif?

27. L'empereur, s'étant informé *de ce* qu'était devenue l'armée, ordonna qu'on levât de nouvelles troupes.

> Pourquoi ne faut-il pas dire : *S'étant informé* CE qu'était devenue l'armée ?

28. Un grand nombre de personnes ont placé leur argent à la caisse d'épargne, et l'en ont retiré aussitôt après.

> Pourquoi est-il contre la grammaire de dire : *ont placé et retiré leur argent de la caisse d'épargne?*

29. Molière eut une part considérable aux faveurs de Louis **XIV.**

> Pourquoi le complément direct est-il énoncé avant le complément indirect?

30. L'homme vain et fier est méprisé *de* ses supérieurs, et détesté *de* ses égaux et *de* ses inférieurs.

> Pourquoi fait-on usage de la préposition *de* après le verbe passif ?

31. Tout le monde adore la fortune et s'en plaint.

> Pourquoi ne faut-il pas dire : Tout le monde adore et se plaint de la fortune ?

32. C'est *dans l'insensibilité* du cœur *que* l'égoïsme prend sa source.

> Pourquoi serait-il incorrect de dire : *où l'égoïsme prend sa source?*

33. L'homme qui aime à faire le bien et à en être loué n'est pas vraiment vertueux.

> Pourquoi serait-il incorrect de dire : L'homme qui aime à faire le bien et *qu'on l'en loue?*

54. Une grande partie de l'Europe a été conquise *par* les Français.

Pourquoi fait-on usage de *par* après le verbe passif?

35. Racine et Boileau étaient heureux par l'amitié qui les unissait *l'un à l'autre*.

> Expliquez pourquoi il ne faut pas dire : qui les unissait *l'un l'autre*.

56. Quand on reprend *avec humeur* ceux qu'on est chargé d'instruire, on ne les dispose pas à mieux faire.

> Pourquoi ne faut-il pas dire : Quand on reprend ceux qu'on est chargé d'instruire *avec humeur,* on ne les dispose pas, etc.?

57. *Adorez* tous les jours *l'auteur* de tous les biens, et *rendez-lui* grâces.

> Pourquoi ne faut-il pas dire : Adorez et rendez grâces tous les jours à l'auteur de tous les biens ?

58. C'est sous le pape Léon X *que* les lettres et les arts ont été le plus florissants en Italie.

> Pourquoi ne doit-on pas remplacer *que* par *sous qui?*

CHAPITRE XIII.

EMPLOI DES AUXILIAIRES.

(Voy. *Nouvelle grammaire*, n° 536 et suivants.)

1. Je chante les héros qui ONT *régné* sur la France.

Pourquoi le verbe *régner* prend-il l'auxiliaire *avoir ?*

2. Il y a peu d'hommes qui SOIENT *nés* avec de mauvais penchants.

Pourquoi le verbe *naître* prend-il l'auxiliaire *être?*

5. Vos sentiments ONT *changé* en peu de temps.

> Dites pourquoi le verbe *changer* prend, dans cette phrase, l'auxiliaire *avoir.*

4. Vos sentiments SONT *changés* depuis longtemps.

Expliquez pourquoi le verbe *changer* prend ici l'auxiliaire *être*.

5. Le combat A *cessé* vers la fin du jour.

Pourquoi le verbe *cesser* prend-il l'auxiliaire *avoir ?*

6. Il y avait quelques mois que la contagion ÉTAIT *cessée.*

Pourquoi le verbe *cesser* est-il conjugué avec l'auxiliaire *être?*

7. Il A *descendu* le fleuve de la vie avec calme.

Expliquez pourquoi le verbe neutre *descendre* prend, dans cette phrase, le verbe *avoir.*

8. Les offres qu'on m'a faites m'ONT *convenu.*

Dites pour quelle raison le verbe *convenir* prend le verbe *avoir.*

9. Ils SONT *convenus* de se défendre à outrance, si on les attaquait.

Pourquoi le verbe *convenir* prend-il l'auxiliaire *être ?*

10. Vous AVEZ *demeuré* à la campagne pendant toute la belle saison.

Pourquoi le verbe *demeurer* est-il conjugué avec *avoir ?*

11. Il n'A *demeuré* qu'une heure à écrire deux longues lettres.

Pourquoi le verbe *demeurer* prend-il l'auxiliaire *avoir ?*

12. A Austerlitz, vingt mille hommes SONT *demeurés* sur le champ de bataille.

Expliquez pour quel motif le verbe *demeurer* est conjugué avec *être.*

13. Ce jeune homme, après avoir donné les plus belles espérances, en EST *demeuré* là.

Dites pour quelle raison le verbe *demeurer* prend ici l'auxiliaire *être.*

14. Préoccupé comme il l'était, il n'est pas étonnant que cette faute lui SOIT *échappée.*

Pour quel motif le verbe *échapper* prend -il l'auxiliaire *être?*

15. Cette dictée renferme tant de fautes, qu'il ne faut pas être surpris si quelques unes vous ONT *échappé.*

Pour quelle raison le verbe *échapper* admet-il l'auxiliaire *avoir?*

16. A peine EUT-*il expiré* que d'avides héritiers se disputèrent le peu de bien qu'il laissait.

Pourquoi le verbe *expirer* prend-il ici l'auxiliaire *avoir?*

17. La trêve A *expiré* aujourd'hui.

Pourquoi le verbe *expirer* est-il conjuguer avec *avoir?*

18. Votre bail EST *expiré* depuis un mois.

Pourquoi ce verbe est-il conjugué avec *être?*

19. Micipsa AYANT *expiré,* Jugurtha fit voir que la politique ne compte pas la reconnaissance au nombre des vertus.

Pourquoi ne serait-il pas correct de dire : Micipsa *expiré,* Jugurtha fit voir que, etc.?

20. Il A *resté* quelques mois à Rouen.

Dites la raison pour laquelle *rester* prend ici le verbe *avoir.*

21. Le concile de Trente EST *resté* assemblé pendant dix-huit ans.

Expliquez pour quel motif *rester* prend le verbe *être.*

22. Que de nations, jadis florissantes, SONT *tombées* dans l'oubli !

Pourquoi le verbe *tomber* prend-il l'auxiliaire *être?*

23. Que de nuances délicates ONT *échappé* aux traducteurs d'Horace et de Virgile !

Pourquoi *échapper* prend-il *avoir?*

24. L'équipage tout entier A *péri* à la vue du port.

Pourquoi *périr* prend-il *avoir?*

25. Sans le manque d'eau, cette vaste plaine AURAIT *convenu* pour y fonder une ville.

Pourquoi *convenir* prend-il l'auxiliaire *avoir?*

26. Le sommeil est une trêve conclue avec la douleur : quand elle EST *expirée*, les chagrins viennent nous livrer combat.

Pourquoi *expirer* prend-il le verbe *être?*

27. Deux îles qui avaient surgi du fond de la mer ONT *disparu* presque aussitôt.

Pourquoi *disparaître* prend-il l'auxiliaire *avoir?*

28. J'ai souhaité l'empire et j'y SUIS parvenu.

Pourquoi *parvenir* prend-il l'auxiliaire *être?*

29. Ils ONT *demeuré* en Italie assez longtemps, pour en visiter tous les monuments.

Pourquoi *demeurer* prend-il l'auxiliaire *avoir?*

50. Malheur à ceux qui ONT *passé* leur jeunesse dans l'oisiveté!

Pourquoi le verbe *passer* prend-il l'auxiliaire *avoir?*

31. La nation chinoise EST *restée* stationnaire dans la plupart des sciences.

Pourquoi *rester* prend-il le verbe *être?*

52. Le mot qui t'EST *échappé* est ton maître, celui que tu retiens est ton esclave.

Pourquoi le verbe *échapper* prend-il *être?*

53. Le prix des denrées A *augmenté* tout à coup.

Pourquoi *augmenter* prend-il l'auxiliaire *avoir?*

54. La durée des jours EST *augmentée* depuis un mois.

Pourquoi *augmenter* prend-il le verbe *être?*

55. Sans sa position au milieu des eaux, il y a longtemps que cette puissance colossale SERAIT *tombée.*

Pourquoi *tomber* prend-il l'auxiliaire *être?*

56. Que de planètes ONT *échappé* aux recherches des anciens astronomes!

Pourquoi *échapper* prend-il *avoir?*

57. Que de paroles inconséquentes lui SONT *échappées !*

Pourquoi *échapper* prend-il *être?*

58. Le cortége A *passé* sous mes croisées.

Pourquoi *passer* prend-il l'auxiliaire *avoir?*

59. Il y a une heure que la procession EST *passée.*

Pourquoi *passer* prend-il ici le verbe *être?*

40. J'AI *resté* plus d'un an en Italie, où je n'ai vu que les débris de cette ancienne Italie, si fameuse autrefois.

Pourquoi *rester* prend-il l'auxiliaire *avoir?*

41. Une réputation intacte est le seul bien qui lui SOIT *resté.*

Pourquoi *rester* prend-il le verbe *être?*

42. Les ouvrages de Chateaubriand sont les plus beaux qui AIENT *paru* pendant le dix-neuvième siècle.

Pourquoi *paraître* prend-il *avoir?*

45. La ville de Catane A *disparu* tout-à-coup, ensevelie sous ses ruines.

Pourquoi *disparaître* prend-il l'auxiliaire *avoir?*

44. A peine son père EUT-*il expiré* qu'il se jeta sur son corps, et l'inonda de ses larmes.

Pourquoi *expirer* prend-il *avoir?*

45. Les chefs de l'armée ÉTAIENT *convenus* de ne combattre qu'autant que l'ennemi attaquerait.

Pourquoi *convenir* prend-il *être?*

46. Les paroles offensantes qu'il m'a adressées m'ONT *échappé.*

Pourquoi le verbe *échapper* prend-il *avoir?*

47. Les troupes SONT *sorties* de la ville depuis huit jours.

Pourquoi *sortir* prend-il l'auxiliaire *être?*

48. Les délais SONT *expirés* il y a longtemps.

Pourquoi *expirer* prend-il *être?*

49. Nos chasseurs ONT *sòrli* au point du jour, pleins d'ardeur et d'espérance.

Pourquoi *sortir* prend-il *avoir?*

50. Voltaire EST *décédé* à quatre-vingt-deux ans.

Pourquoi *décéder* prend-il *être?*

51. Les illusions de la jeunesse AYANT *passé* rapidement, j'aperçus bientôt tout ce que la réalité a d'affligeant.

Pourquoi *passer* prend-il *avoir?*

52. Consternés et muets d'étonnement, ils contemplaient leurs compagnons qui venaient d'*expirer*.

Pourquoi ne doit-on pas dire : ils contemplaient leurs compagnons *expirés?*

53. Ces conditions ne lui AYANT pas *convenu*, Louis XIV résolut de continuer la guerre.

Pourquoi *convenir* prend-il *avoir?*

54. La famille des Stuarts A *resté* longtemps en France.

Pourquoi *rester* prend-il *avoir?*

55. Vos amis ONT *vieilli* en peu d'années.

Pourquoi *vieillir* prend-il *avoir?*

56. On trouve qu'ils SONT bien *vieillis*.

Pourquoi *vieillir* prend-il l'auxiliaire *être?*

57. Le chagrin les A *vieillis*.

Pourquoi *vieillir* prend-il ici l'auxiliaire *avoir?*

58. Les Français ONT toujours *passé* du côté du péril, parce qu'ils sont sûrs d'y trouver la gloire.

Pourquoi *passer* prend-il le verbe *avoir?*

59. Vos belles années SONT *passées;* que votre âge mûr vous conduise à une vieillesse heureuse.

Pourquoi *passer* prend-il l'auxiliaire *être?*

60. Le ballon AYANT *monté* avec une grande rapidité, A *disparu* en un moment à nos regards.

Pourquoi *monter* et *disparaître* prennent-ils l'auxiliaire *avoir?*

6

CHAPITRE XIV.

DES MODES ET DES TEMPS QUI PRÉSENTENT DES DIFFICULTÉS.

Emploi des temps de l'indicatif.

(Voy. *Nouvelle grammaire*, n° 548 et suivants.)

1. Nous *mettons* à la voile, un vent favorable nous *pousse* loin du port ; tout *présage* une heureuse traversée, quand soudain un point noir qui *paraît* à l'horizon, *s'étend* et *s'approche* : c'est la tempête.

> Pour quel temps emploie-t-on les présents *mettons, pousse, présage, paraît*, etc. ?

2. Tandis que le cardinal Mazarin *gagne* des batailles contre les ennemis de l'État , les siens *combattent* contre lui.

> Pourquoi ne dirait-on pas : Tandis que le cardinal Mazarin *gagne* des batailles contre les ennemis de l'État, les siens *combattaient* contre lui ?

3. Le public a appris avec plaisir que vous vous *proposez* de continuer cette publication.

> Pourquoi serait-il incorrect de dire : *que vous vous* PROPOSIEZ *de continuer*, etc. ?

4. Un écrivain a dit que la bassesse *est* une médaille dont le revers *est* l'insolence.

> Pourquoi ne faut-il pas dire : Un écrivain a dit que la bassesse *était* une médaille dont le revers *était* l'insolence ?

5. *J'ai répondu* à votre lettre hier, la semaine dernière, le mois passé, l'année dernière ; — ou bien : *J'ai répondu* à votre lettre aujourd'hui, cette semaine, ce mois, cette année.

> Pourquoi, dans ces deux phrases, emploie-t-on également bien le passé indéfini ?

6. *Nous vous* ÉCRIVÎMES hier, la semaine passée, l'année dernière.

> Pourquoi, dans cette phrase, le passé défini est-il régulièrement employé ?

7. Nous *partîmes* au point du jour, et nous *n'arrivâmes* qu'au milieu de la nuit.

> Pourquoi ne faudrait-il pas dire : Nous *partîmes* au point du jour, et nous ne *sommes arrivés*, etc. ?

8. Votre maître s'est plaint de l'extrême négligence avec laquelle vous *avez fait* vos devoirs.

> Pourquoi serait-il incorrect de dire : avec laquelle vous *aviez fait* vos devoirs ?

9. L'hiver ayant été extrêmement doux, des cultivateurs ont pensé qu'il y *aura* cet été une multitude d'insectes.

> Pourquoi ne faut-il pas dire : qu'il y *aurait* cet été une multitude d'insectes ?

10. Bion disait que le chemin des enfers *est* un chemin facile que l'on parcourt les yeux fermés.

> Pourquoi la phrase serait-elle irrégulière si l'on disait : Bion disait que le chemin des enfers *était* un chemin, etc. ?

11. Les progrès qu'*ont faits* les sciences dans le siècle où nous sommes font voir que les esprits penchent vers les idées graves.

> Pourquoi ne faut-il pas employer le passé défini *firent* au lieu du passé indéfini *ont fait* ?

12. Je viens vous trouver, parce qu'on m'a dit que vous *désirez* me parler.

> Pourquoi ne faut-il pas mettre le verbe *désirer* à l'imparfait ?

13. Les Romains *repoussent* de tous côtés les Gaulois ; Brennus les *rallie*, *lève* le siége et *campe* à quelques milles de Rome, où de nouveau la victoire *reste* aux Romains.

> Pour quel temps sont employés les présents *repoussent, rallie, lève, campe, reste* ?

14. Les contemporains de Racine lui ont reproché la faiblesse qu'il *a montrée* en perdant les bonnes grâces du grand roi.

Pourquoi ne faut-il pas dire qu'il *avait montrée?*

15. La prudence *régla* votre conduite et vous *valut* l'estime généra'e.

Pourquoi ne dirait-on pas *a réglé* votre conduite et vous *valut* l'estime générale ?

16. Périandre, à qui on demandait de dire ce qu'il y *a* de plus grand dans ce qu'il y *a* de plus petit, répondit que *c'est* une belle âme dans le corps d'un homme.

Pourquoi ne faut-il pas dire : ce qu'il y *avait* de plus grand dans ce qu'il y *avait* de plus petit; répondit que *c'était,* etc.?

17. *J'ai parcouru* l'Italie l'année dernière, et *j'ai visité* cette année l'Angleterre.

Pourquoi, dans ces deux circonstances de temps, peut-on employer le passé indéfini?

18. Les astronomes ont annoncé qu'il y *aura* cette année plusieurs éclipses visibles à Paris.

Pourquoi ne remplacerait-on pas *il y aura* par *il y aurait?*

19. La marée *arrive* de tous côtés; on *cherche* Vatel pour la distribuer, on *va* à sa chambre, on *heurte*, on *enfonce* la porte et on le *trouve* noyé dans son sang.

Pourquoi ne dirait-on pas : *et on le* TROUVA *noyé dans son sang?*

20. Il est certain que Voltaire ne *s'est* jamais *montré* plus grand poète que dans Alzire et dans Mérope.

Pourquoi ne mettrait-on pas le verbe *se montrer* au plus-que-parfait de l'indicatif?

21. *Je lus* la semaine passée, cette maxime : qu'on peut toujours rester libre en méprisant la mort.

Pourquoi dans cette phrase le passé défini est-il régulièrement employé ?

22. Après des progrès si rapides je m'étonne qu'on ait pu dire que vous ne *recevrez* pas de récompense.

> Pourquoi emploie-t-on le futur *recevrez* au lieu du conditionnel *recevriez* ?

23. Vos amis m'ont écrit que vous *êtes* toujours disposé à m'accompagner dans ce voyage.

> Pourquoi ne faut-il pas mettre le verbe *être disposé* à l'imparfait de l'indicatif ?

24. Les historiens ont loué Louis XIV de la résignation avec laquelle il *a supporté* les malheurs qui *ont accompagné* la fin de son règne.

> Pourquoi ne dirait-on pas : *qui accompagnèrent la fin de son règne ?*

25. Pendant que les deux armées *s'observent* et se *préparent* au combat, la nouvelle *arrive* dans les deux camps que la paix *vient* d'être conclue.

> Pourquoi ne dirait-on pas : *la nouvelle* ARRIVA *que la paix* VENAIT *d'être conclue ?*

26. L'invention des chemins de fer *a été* sans contredit une des plus importantes du siècle où nous vivons.

> Pourquoi ne faut-il pas dire : L'invention des chemins de fer *fut* sans contredit, etc. ?

27. Les gelées survenues au printemps ont fait penser que la récolte ne *sera* pas abondante cette année.

> Pourquoi emploie-t-on le futur *sera*, et non pas le conditionnel *serait ?*

28. Madame de Coulanges m'a écrit que vous m'*aimez* toujours et que vous *parlez* souvent de moi.

> Pourquoi ne faudrait-il pas dire : que vous m'*aimiez* toujours, et que vous *parliez* souvent de moi ?

29. L'ardeur avec laquelle vous *avez étudié* cette année vous promet des progrès rapides.

> Pourquoi le passé défini *vous étudiâtes* serait-il mal employé à la place du passé indéfini *vous avez étudié ?*

30. Anacharsis disait que la vigne *porte* trois fruits qui *viennent* succe-sivement : d'abord le plaisir, ensuite l'ivresse, enfin le chagrin.

> Pourquoi ne faut-il pas mettre le verbe *porter* à l'imparfait de l'indicatif?

31. On a reproché à ce critique l'acharnement avec lequel il *s'est déchaîné* contre les plus grands écrivains de nos jours.

> Pourquoi ne faut-il pas employer le plus-que-parfait *s'était déchaîné?*

32. Turenne *meurt*, tout *se confond*, la fortune *chancelle*, la victoire *se lasse* et la paix *s'éloigne*.

> Pour quel temps sont employés les présents *meurt, se confond, chancelle, se lasse, s'éloigne?*

Emploi du subjonctif.

(Voy. *Nouvelle grammaire*, n° 558 et suivants.)

33. La religion exige que nous *pardonnions* à ceux qui nous ont offensés.

> Pourquoi le verbe *pardonner* est-il au subjonctif?

34. Je ne pense pas que tout *meure* avec nous.

> Pourquoi le verbe *mourir* est-il au subjonctif?

35. Croyez-vous qu'il y *ait* une seule chose inutile dans toutes celles que Dieu a créées.

> Pourquoi le verbe *avoir* est-il au subjonctif?

56. Croirai-je qu'un mortel, avant sa dernière heure,
Peut pénétrer des morts la profonde demeure?

> Pourquoi le verbe *pouvoir* est-il à l'indicatif après un verbe interrogatif?

57. Il importe que nous *contractions* de bonnes habitudes dans notre jeunesse.

> Pourquoi le verbe *contracter* est-il au subjonctif?

38. Il semble que la nature *ait employé* la règle et le compas pour peindre la robe du zèbre.

Pourquoi le verbe *employer* est-il au subjonctif?

39. Il est certain que les anciens *se sont* peu *occupés* des sciences naturelles.

Pourquoi le verbe *s'occuper* est-il à l'indicatif après un verbe unipersonnel?

40. Il lui semblait qu'il *avait perdu* votre amitié.

Pourquoi le verbe *perdre* est-il à l'indicatif après le verbe unipersonnel *il semblait?*

41. Il ne me semblait pas qu'on *pût* passer si vite de l'amitié à la haine.

Pourquoi le verbe *pouvoir* est-il au subjonctif après le verbe unipersonnel *il semblait* accompagné d'un complément indirect de personne?

42. Il ne paraît pas que les étoiles tombantes *soient* autre chose que des matières qui s'allument dans l'atmosphère.

Pourquoi le verbe *être* est-il au subjonctif après un verbe unipersonnel qui demande l'indicatif?

43. Le plaisir de faire du bien est *le seul qui* ne *laisse* pas de regret.

Pourquoi le verbe *laisser* est-il au subjonctif?

44. Nos parents sont *les meilleurs* amis que nous *ayons.*

Pourquoi le verbe *avoir* est-il au subjonctif?

45. Il y a peu d'hommes dont l'attachement *soit* comparable à celui du chien.

Pourquoi le verbe *être* est-il au subjonctif?

46. C'est le plus sage des rois de la Grèce qui *ont renversé* la ville de Troie.

Pourquoi le verbe *renverser* est-il à l'indicatif après un pronom relatif précédé de *le plus?*

47. Dieu récompensera les moindres efforts que nous *aurons faits* pour devenir meilleurs.

Pourquoi le verbe *faire* est-il à l'indicatif après un pronom relatif précédé de *les moindres?*

48. Pompée aspirait à des honneurs qui le *distinguassent* des capitaines de son temps.

Pourquoi, après le pronom relatif *qui*, le verbe *distinguer* est-il au subjonctif?

49. Il habite une retraite que la nature et l'art *ont embellie.*

Pourquoi, après le pronom relatif *que*, le verbe *embellir* est-il à l'indicatif?

50. Quelque fertile que *soit* la terre, elle le serait bien davantage, si un plus grand nombre de bras la cultivaient.

Pourquoi le verbe *être* est-il au subjonctif?

51. Quelle que *soit* la petitesse apparente des étoiles, chacune d'elles égale le soleil en grandeur.

Pourquoi le verbe *être* est-il au subjonctif?

52. Quoiqu'il *ait* occasion de se venger, l'honnête homme n'en profite pas.

Pourquoi le verbe *avoir* est-il au subjonctif?

53. Quoi qu'on *fasse* pour lui être agréable, il n'est jamais content.

Pourquoi le verbe *faire* est-il au subjonctif?

54. On est mort avant qu'on *se soit aperçu* qu'on va mourir.

Pourquoi le verbe *s'apercevoir* est-il au subjonctif?

55. Pour qu'on vous *obéisse*, donnez vous-même l'exemple de l'obéissance.

Pourquoi le verbe *obéir* est-il au subjonctif?

56. Je ne vous quitte pas que vous ne m'*ayez rendu* le service que je vous demande.

Pourquoi le verbe *rendre* est-il au subjonctif?

57. Conduisez-vous de façon qu'on ne vous *fasse* aucun reproche.

Pourquoi met-on ici le subjonctif après la locution conjonctive *de façon que?*

58. Cet homme a toujours tenu à l'estime des honnêtes gens, de manière qu'il n'*a* rien *fait* pour la perdre.

Pourquoi emploie-t-on, dans cette phrase, l'indicatif après la locution conjonctive *de manière que?*

59. Il faut que chacun *vienne* au secours des malheureux.

Pourquoi le verbe *venir* est-il au subjonctif?

60. La religion est le meilleur garant qu'on *puisse* avoir des mœurs des hommes.

Pourquoi le verbe *pouvoir* est-il au subjonctif?

61. Elle ne prendra pour époux qu'un homme qui *soit* digne d'elle.

Pourquoi, après le pronom relatif *qui*, le verbe *être* est-il au subjonctif?

62. Obéis aux lois, si tu veux qu'on l'*obéisse.*

Pourquoi le second verbe *obéir* est-il employé au subjonctif?

63. De ces deux enfants, c'est le plus jeune qui *fait* le plus de progrès.

Pourquoi le verbe *faire* est-il à l'indicatif, quoique précédé de *le plus?*

64. Quelque barbares que *fussent* ces peuples, la religion a fini par les civiliser.

Pourquoi le verbe *être* est-il au subjonctif?

65. Il ne me semble pas que vous *ayez* à vous plaindre de vos amis.

Pourquoi le verbe *avoir* est-il au subjonctif après le verbe unipersonnel *il semble* accompagné d'un complément indirect de personne?

66. Prenez pour amis des hommes qui *soient* dignes de votre confiance.

Pourquoi, après le pronom relatif *qui*, le verbe *être* est-il au subjonctif?

67. Dieu nous a donné des talents pour que nous les *employions* utilement.

Pourquoi le verbe *employer* est-il au subjonctif?

5

68. Croyez-vous que nos armées *eussent triomphé* sans l'habileté du chef qui les a dirigées?

Pourquoi le verbe *triompher* est-il au subjonctif?

69. Pensez-vous que tous les hommes *sont nés* pour être malheureux?

Pourquoi le verbe *naître* est-il à l'indicatif, malgré le verbe interrogatif qui précède?

70. *Il y a* des âmes faibles que l'adversité *abat* tout de suite.

Pourquoi le verbe *abattre* est-il à l'indicatif?

71. Quoique la raillerie *fasse* rire, on déteste le caractère du railleur.

Pourquoi le verbe *faire* est-il au subjonctif?

72. On ne vous pardonnera pas que vous n'*ayez fait* l'aveu complet de votre faute.

Pourquoi le verbe *faire* est-il au subjonctif?

73. Il *n'y a pas* de sacrifice dont une mère ne *soit* capable.

Pourquoi le verbe *être* est-il au subjonctif?

74. Il a pris ses mesures de manière que les ennemis n'*ont pu* lui échapper.

Pourquoi le verbe *pouvoir* est-il à l'indicatif?

75. La charité veut que nous *prêtions* assistance à notre prochain.

Pourquoi le verbe *prêter* est-il employé au subjonctif?

76. La vertu est le seul bien qu'on ne *puisse* nous ravir.

Pourquoi le verbe *pouvoir* est il au subjonctif?

77. *Il est certain* que Dieu *jugera* nos actions d'après les motifs qui nous ont fait agir.

Pourquoi le verbe unipersonnel *il est certain* n'est-il pas suivi du subjonctif?

78. Je n'ai jamais remarqué qu'on se *soit repenti* d'avoir fait son devoir.

Pourquoi le verbe *se repentir* est-il employé au subjonctif?

79. Ce que le sage désire, c'est de passer sa vie dans une retraite *où* il *puisse* jouir du repos et de la tranquillité.

Pourquoi, après l'adverbe *où*, le verbe *pouvoir* est-il au subjonctif?

80. Il possède une habitation délicieuse *où* il *pourra* jouir de tous les charmes de la campagnes.

Pourquoi, après l'adverbe *où*, le verbe *pouvoir* est-il ici à l'indicatif?

81. Il est naturel que les enfants *aient* pour leurs parents de l'affection et du respect.

Pourquoi le verbe *avoir* est-il au subjonctif?

82. Il y a peu d'hommes qui *sachent* trouver le bonheur.

Pourquoi le verbe *savoir* est-il au subjonctif?

83. Racine et Boileau sont les plus grands des poètes qui *ont vécu* sous Louis XIV.

Pourquoi *ont vécu* est-il à l'indicatif, quoique précédé de *les plus?*

84. Ce n'est pas *pour que* nous nous en *glorifions* que Dieu nous donne du mérite.

Pourquoi le verbe *se glorifier* est-il au subjonctif?

85. Les mouvements des astres sont les plus réguliers que nous *connaissions.*

Pourquoi le verbe *connaître* est-il au subjonctif?

86. Il y a peu de gens *qui puissent* comprendre toute la puissance de la volonté.

Pourquoi le verbe *pouvoir* est-il au subjonctif?

87. Quelque petites que *soient* les aumônes, elles annoncent toujours un bon cœur.

Pourquoi le verbe *être* est-il employé au subjonctif?

88. Croyez-vous que le Créateur *a oublié* de mettre de la tendresse dans le cœur des mères?

Pourquoi le verbe *oublier* est-il à l'indicatif après un verbe interrogatif?

89. Les Africains sont les peuples les moins éclairés qu *aient* jamais *existé.*

Pourquoi le verbe *exister* est-il au subjonctif?

90. Ce sont les hommes les moins capables qui *ont obtenu* des emplois.

> Pourquoi le verbe *obtenir* est-il à l'indicatif, quoiqu'il soit précédé de *les moins?*

91.   Il fallut qu'au travail son corps rendu docile
        Forçât la terre avare à devenir fertile.

Pourquoi le verbe *forcer* est-il au subjonctif?

92. Approchéz, qu'on vous *fasse* les remercîments que vous méritez.

Pourquoi le verbe *faire* est-il au subjonctif?

93. L'avare craint toujours qu'on ne lui *ravisse* ses richesses.

Pourquoi le verbe *ravir* est-il au subjonctif?

94. Quoi que vous *écriviez*, évitez la bassesse.

Pourquoi le verbe *écrire* est-il au subjonctif?

95. Pensez-vous qu'un père *peut* vouloir la mort d'un fils tendre et dévoué.

> Pourquoi le verbe *peut* est-il à l'indicatif, malgré l'interrogation exprimée par le verbe qui précède?

96. De ces deux élèves, c'est le plus jeune qui *a montré* le plus d'application.

> Pourquoi *a montré* n'est-il pas au subjonctif, quoique le pronom relatif soit précédé de *le plus?*

97. Les passions entrent dans notre cœur et s'y établissent sans que nous nous en *apercevions.*

Pourquoi le verbe *s'apercevoir* est-il au subjonctif?

98. Il semble aux ambitieux que tout *doit* servir à leur élévation.

> Pourquoi le verbe *devoir* est-il à l'indicatif, malgré le verbe unipersonnel qui précède?

99. Quoi que *puisse* dire un fourbe, il ne faut pas se fier à lui.

Pourquoi le verbe *pouvoir* est-il au subjonctif?

100. N'accordez pas votre confiance aux gens que vous n'estimez pas, de peur qu'ils n'en *fassent* un mauvais usage.

Pourquoi le verbe *faire* est-il au subjonctif?

101. Toute son ambition est d'acheter un petit champ qu'il *puisse* cultiver lui-même.

Pourquoi le verbe *pouvoir* est-il au subjonctif après un pronom relatif?

102. Il semble que les grandes entreprises *soient* chez nous plus difficiles à mener que chez les anciens.

Pourquoi le verbe *être* est-il au subjonctif?

103. Il est heureux d'avoir obtenu un emploi qu'il *peut* remplir facilement.

Pourquoi le verbe *peut* est-il à l'indicatif après un pronom relatif?

104. Il n'y a rien qui *rende* heureux comme le souvenir d'une bonne action.

Pourquoi fait-on usage du subjonctif après le verbe unipersonnel *il y a*?

105. Voltaire est le plus célèbre des écrivains qui *ont contribué* à la gloire du règne de Louis XV.

Pourquoi *ont contribué* est-il à l'indicatif, après un pronom relatif précédé de *le plus*?

Emploi des temps du subjonctif.

(Voy. *Nouvelle grammaire*, n° 571 et suivants.)

106. La religion exige *que nous n'employions* pour réussir, que des moyens honnêtes et légitimes.

Pourquoi *que nous employions* est-il au subjonctif et au présent de ce mode?

107. Je ne croirai jamais *que vous reniiez* les bons prin-cipes qu'on vous a donnés.

> Pourquoi *que vous reniiez* est-il au subjonctif et au présent de ce mode ?

108. Il n'y a aucun fils *qui* n'*exposât* sa vie s'il fallait sauver celle de son père.

> Pourquoi *qui exposât* est-il au subjonctif et à l'imparfait après un présent ?

109. Croyez-vous que notre langue *fût devenue* celle de l'Europe civilisée *sans* les chefs-d'œuvre de nos grands écrivains.

> Pourquoi *fût devenue* est-il au subjonctif et au plus-que-par-fait après un présent ?

110. Je doute que cet honnête homme *consentît* à faire le plus léger mensonge, *quand* même il devrait en tirer avantage.

> Pourquoi *consentît* est-il au subjonctif et à l'imparfait, quoi-que le verbe *je doute* soit au présent ?

111. Je ne supposerai jamais *que vous vous fussiez rendu* coupable de cette action *sans* les mauvais conseils qu'on vous a donnés.

> Pourquoi *fussiez rendu* est-il au subjonctif et au plus-que-parfait après un verbe au futur ?

112. Il est impossible qu'on *réussisse* en quoi que ce soit *sans* des efforts soutenus.

> Pourquoi *qu'on réussisse* est-il au subjonctif et au présent, malgré l'expression conditionnelle qui suit ?

113. Il semblait que les Romains *fussent* la seule nation capable de conquérir le monde.

> Pourquoi *fussent* est-il au subjonctif et à l'imparfait de ce mode ?

114. La Providence a voulu que nous ne *tombassions* pas dans les piéges que des méchants avaient tendus sous nos pas.

> Pourquoi *que nous tombassions* est-il au subjonctif et à l'im-parfait de ce mode ?

115. Pour connaître toutes les beautés et les richesses de notre langue, il faudrait *que vous lussiez* les grands écrivains du siècle de Louis XIV.

> Pourquoi *que vous lussiez* est-il au subjonctif et à l'imparfait de ce mode?

116. César était le seul Romain dont Pompée *redoutât* l'influence.

> Pourquoi *redoutât* est-il au subjonctif et à l'imparfait de ce mode?

117. Personne ne crut *que vous eussiez pu* tenir un pareil langage.

> Pourquoi *que vous eussiez pu* est-il au subjonctif et au plus-que-parfait de ce mode?

118. Il faudrait *qu'un homme eût perdu* tout sentiment d'honneur pour préférer la honte à la mort.

> Pourquoi *eût perdu* est-il au subjonctif et au plus-que-parfait de ce mode?

119. Dieu a établi des récompenses et des peines, afin que les bons *soient encouragés* et les méchants retenus.

> Pourquoi *soient encouragés* est-il au subjonctif et au présent, quoiqu'il soit précédé d'un verbe au passé indéfini?

120. Les Romains ont été la nation la plus brave et la plus ambitieuse *qui ait* jamais *existé*.

> Pourquoi *qui ait existé* est-il au subjonctif et au passé, malgré le passé indéfini qui précède?

121. Je ne croirai jamais que vous *eussiez obtenu* cette place sans la capacité qu'on vous a reconnue.

> Pourquoi *que vous eussiez obtenu* est-il au subjonctif et au plus-que-parfait, quoiqu'il soit précédé d'un futur?

122. Je doute que la vie *fût* supportable pour les malheureux, si la religion ne leur faisait entrevoir un meilleur avenir.

> Pourquoi *fût* est-il au subjonctif et à l'imparfait, quoique précédé d'un présent?

123. Il aurait importé *que vous eussiez suivi* les sages conseils qu'on vous a donnés.

Pourquoi *que vous eussiez suivi* est-il au subjonctif et au plus-que-parfait ?

124. Il semble que nous nous *fassions* un jeu de nous tourmenter les uns les autres.

Pourquoi *que nous fassions* est-il au subjonctif et au présent ?

125. On doute que cette nation *eût triomphé* sans le secours de ses alliés.

Pourquoi *eût triomphé* est-il au subjonctif et au plus-que-parfait, quoiqu'il soit précédé d'un présent ?

126. Il viendra un jour où il importera *que nous ayons vécu* en chrétien.

Pourquoi *que nous ayons vécu* est-il au subjonctif et au passé ?

127. Je douterai toujours *que vous eussiez écrit* cette lettre, si vous n'y aviez pas été forcé.

Pourquoi *que vous eussiez écrit* est-il au subjonctif et au plus-que-parfait, quoique le verbe précédent soit au futur ?

128. La conscience exige *que nous disions* toujours la vérité.

Pourquoi *que nous disions* est-il au subjonctif et au présent ?

129. Je ne croirai pas que vous *obteniez* cette faveur sans l'appui de vos amis.

Pourquoi *que vous obteniez* est-il au subjonctif et au présent, quoiqu'il soit suivi d'une expression conditionnelle ?

130. Les Chinois ne pensaient pas qu'ils *dussent* être un jour subjugués par les Anglais.

Pourquoi *qu'ils dussent* est-il au subjonctif et à l'imparfait ?

131. Je ne crois pas *que Dieu ait créé* quelque chose d'inutile.

Pourquoi *ait créé* est-il au subjonctif et au passé ?

152. Il pardonna à ses ennemis, quelque grands que *fussent* leurs torts.

Pourquoi *fussent* est-il au subjonctif et à l'imparfait?

153. Je douterai toujours *que vous fissiez* cette démarche, si vous n'y étiez pas contraint.

Pourquoi *que vous fissiez* est-il au subjonctif et à l'imparfait, quoique précédé d'un verbe au futur?

154. Cette défense était la seule barrière *qu'on eût établie* pour arrêter l'esprit de révolte.

Pourquoi *qu'on eût établie* est-il au subjonctif et au plus-que-parfait?

155. Je ne pense pas *que vous étudiiez* avec autant d'ardeur que votre ami.

Pourquoi *que vous étudiiez* est-il au subjonctif et au présent de ce mode?

156. Vous ne m'avez pas accordé votre confiance, quoique *je me fusse* toujours *montré* votre ami.

Pourquoi *que je me fusse montré* est-il au subjonctif et au plus-que-parfait?

157. L'orgueilleux voudrait que tous les hommes *fussent* à ses pieds.

Pourquoi *fussent* est-il au subjonctif et à l'imparfait?

158. L'esprit a été donné à l'homme non pour *qu'il s'en serve* pour lui seul, mais afin *qu'il le communique* aux autres.

Pourquoi *serve* et *communique* sont-ils au subjonctif et au présent, quoique précédés d'un passé indéfini?

159. Elle était fière de ses richesses, quoiqu'elle *eût appris* combien la fortune est inconstante.

Pourquoi *eût appris* est-il au subjonctif et au plus-que-parfait?

140. A-t-il jamais existé un homme qui *ait rendu* plus de services à l'humanité que saint Vincent de Paul?

Pourquoi fait-on usage du subjonctif, et emploie-t-on le passé au lieu de l'imparfait de ce mode?

141. Je ne crois pas *que vous voyageassiez* cette année, quand même votre santé ne s'y opposerait pas.

> Pourquoi *que vous voyageassiez* est-il au subjonctif et à l'imparfait, malgré le présent qui précède?

142. Accorder sa confiance sans discernement, c'est la plus grande faute *qu'on puisse* commettre.

> Pourquoi *qu'on puisse* est-il au subjonctif et au présent?

143. Il ne me semblait pas que le génie de l'homme *fût* capable d'un si grand effort.

> *Il me semblait* demandant l'indicatif, pourquoi *fût* est-il au subjonctif, et pour quelle raison est-il à l'imparfait?

144. L'estime des honnêtes gens est la seule récompense *qu'on doive* ambitionner.

> Pourquoi *qu'on doive* est-il au subjonctif et au présent?

145. Il y avait peu d'hommes *qui fussent* plus dignes que lui de l'estime des honnêtes gens.

> Pourquoi *qui fussent* est-il au subjonctif et à l'imparfait?

146. Nous aimerions *que vous* nous *montrassiez* plus de zèle.

> Pourquoi *que vous nous montrassiez* est-il au subjonctif et à l'imparfait?

147. Je ne crois pas *que* les Carthaginois *eussent été* vainqueurs, quand même leur général ne les eût pas trahis.

> Pourquoi *eussent été* est-il au subjonctif et au plus-que-parfait, bien qu'il soit précédé d'un présent?

148. Il ne conviendrait pas *que vous prétendissiez* avoir raison.

> Pourquoi *que vous prétendissiez* est-il au subjonctif et à l'imparfait?

149. Les Romains avaient peu de généraux qu'ils *pussent* comparer à Pompée.

> Pourquoi *qu'ils pussent* est-il au subjonctif et à l'imparfait?

150. Y a-t-il jamais eu un homme dont les connaissances *aient été* plus variées.

Pourquoi fait-on usage du subjonctif, et emploie-t-on le passé au lieu de l'imparfait de ce mode?

151. L'intérêt général demande *que nous obéissions* aux lois.

Pourquoi *que nous obéissions* est-il au subjonctif et au présent?

152. La religion veut *que nous traitions* notre semblable comme nous-mêmes.

Pourquoi *que nous traitions* est-il au subjonctif et au présent?

153. Les lois romaines exigeaient que tous les citoyens *prissent* les armes pour le salut de la patrie.

Pourquoi *prissent* est-il au subjonctif et à l'imparfait?

154. Je doute *qu'il fût venu* à bout de ce travail sans votre concours.

Pourquoi *qu'il fût venu* est-il au subjonctif et au plus-que-parfait, après un verbe au présent de l'indicatif?

155. Mirabeau était le seul homme *qui pût* sauver la monarchie.

Pourquoi *qui pût* est-il au subjonctif et à l'imparfait?

156. Je ne suppose pas *que vous eussiez obtenu* cette place, si l'on ne vous avait pas cru capable de la remplir.

Pourquoi *que vous eussiez obtenu* est-il au subjonctif et au plus-que-parfait, bien qu'il soit précédé d'un présent?

157. Il était indulgent pour les autres, *afin qu'on usât* d'indulgence envers lui.

Pourquoi *qu'on usât* est-il au subjonctif et à l'imparfait?

158. Est-il vrai *que* les Chinois *soient* un peuple stationnaire?

Pourquoi *soient* est-il au subjonctif et au présent?

159. Il faudrait *que* chacun de nous *travaillât* à devenir meilleur.

Pourquoi *travaillât* est-il au subjonctif et à l'imparfait ?

160. La nature a donné une odeur forte à certains animaux dangereux, *afin que,* avertis de leur présence, nous *puissions* les éviter.

Pourquoi *que nous puissions* est-il au subjonctif et au présent, malgré le passé indéfini qui précède ?

161. L'envie est le plus grand défaut *qu'on puisse* avoir.

Pourquoi *qu'on puisse* est-il au subjonctif et au présent ?

162. Cet égoïste n'obligeait personne , *à moins que* son intérêt ne l'y *portât.*

Pourquoi *portât* est-il au subjonctif et à l'imparfait ?

163. Nous ne pensons pas *que vous fussiez* si instruit aujourd'hui sans les leçons de ce professeur-habile.

Pourquoi *que vous fussiez* est-il au subjonctif et à l'imparfait, quoiqu'il soit précédé d'un présent ?

164. Je ne crois pas *qu'on puisse* regretter d'avoir fait une bonne action.

Pourquoi *qu'on puisse* est-il au subjonctif et au présent ?

165. Il était juste *que vous partageassiez* avec vos frères.

Pourquoi *que vous partageassiez* est-il au subjonctif et à l'imparfait ?

166. Est-il vrai *que tu n'aies* jamais *eu* quelque envie de te venger ?

Pourquoi *que tu aies eu* est-il au subjonctif et au passé ?

167. Le trompeur voudrait avoir affaire à des gens confiants *qui ne se méfiassent* pas de lui.

Pourquoi *méfiassent* est-il au subjonctif et à l'imparfait ?

168. Vous ne réussirez pas, quelque moyen *que vous employiez.*

Pourquoi *que vous employiez* est-il au subjonctif et au présent ?

Syntaxe de l'infinitif.

(Voy. *Nouvelle grammaire*, n° 579 et suivants.)

169. Dieu nous a donné la raison pour *que nous puissions* distinguer ce qui est bien de ce qui est mal.

Pourquoi ne faut-il pas dire : *pour pouvoir* distinguer, etc. ?

170. Je ne croirai jamais que le Créateur nous ait donné la vie pour *que nous en fussions* un mauvais usage.

Pourquoi ne faut-il pas dire : *pour en faire* un mauvais usage ?

171. Que de gens *s'imaginent avoir* acquis de l'expérience, parce qu'ils ont acquis des années.

Pourquoi l'infinitif *avoir* n'est-il précédé d'aucune préposition ?

172. Les hommes n'aiment à *entendre* généralement que les vérités qui les flattent.

Pourquoi l'infinitif *entendre* est-il précédé de la préposition à ?

173. Que de gens regrettent D'*avoir* passé leur jeunesse dans les plaisirs et la dissipation !

Pourquoi l'infinitif *avoir* est-il précédé de la préposition *de* ?

174. On doit espérer *réussir* ou DE *réussir* quand on a tout fait pour le mériter.

Après quels verbes l'infinitif peut-il être précédé ou non de la préposition *de* ?

175. Après un siége de trois mois, le manque de vivres força les habitants A ou DE se *rendre*.

Quels sont les verbes après lesquels le goût ou l'oreille permet d'employer indifféremment à ou *de* devant l'infinitif ?

176. Ne pensez pas *que vous puissiez* faire partager aux hommes des opinions contraires à leurs intérêts et à leurs principes.

> Pourquoi ne faut-il pas dire : Ne pensez pas *pouvoir faire partager* aux hommes , etc. ?

177. L'enfant qui aime A *étudier* est dans le chemin des progrès.

> Pourquoi l'infinitif *étudier* est-il précédé de la préposition *à* ?

178. Un temps admirable nous a engagés A ou DE *rester* à la campagne plus longtemps que nous ne nous l'étions proposé.

> Quels sont les verbes après lesquels le goût ou l'oreille permet d'employer indifféremment *à* ou *de* devant l'infinitif ?

179. Quiconque *sait supporter* l'adversité avec courage prouve qu'il est digne d'un meilleur sort.

> Pourquoi l'infinitif *supporter* n'est-il précédé d'aucune préposition ?

180. On obéit aux lois avec empressement, mais on déteste *obéir* ou D'*obéir* aux ordres d'un tyran.

> Après quels verbes l'infinitif peut-il être précédé ou non de la préposition *de* ?

181. Je désire *pouvoir* être utile un jour à mon pays.

> Pourquoi est-il moins bien de dire : Je désire *que je puisse* un jour, etc. ?

182. Fort de son innocence, Épaminondas dédaigna DE *se justifier*.

> Pourquoi l'infinitif *se justifier* est-il précédé de la préposition *de* ?

183. Les Athéniens envoyèrent des secours aux Grecs d'Asie afin *qu'ils pussent* résister au roi de Perse.

> Pourquoi ne faut-il pas dire : *afin de pouvoir* résister , etc. ?

184. Il faut habituer les enfants A *obéir* pour qu'ils sachent un jour se faire obéir.

> Pourquoi l'infinitif *obéir* est-il précédé de la préposition *à* ?

185. On se trompe étrangement quand on espère *qu'on pourra* faire faire à certains hommes ce qu'ils ne veulent pas faire.

Pourquoi ne faut-il pas dire : quand on espère *pouvoir faire faire* à certains hommes, etc. ?

186. Ne différez pas DE *faire* ce que le devoir exige; peut-être demain ne le pourrez-vous plus.

Pourquoi l'infinitif *faire* est-il précédé de la préposition *de?*

187. Dans son aveuglement, l'orgueilleux croit *être* exempt de défauts.

Pourquoi est-il moins bien de dire : Dans son aveuglement, l'orgueilleux croit *qu'il est* exempt de défauts?

188. Votre ami détestant le tumulte des villes, n'allez pas supposer *que vous puissiez* l'empêcher d'habiter la campagne.

Pourquoi ne faut-il pas dire : n'allez pas *supposer pouvoir l'empêcher d'habiter* la campagne?

189. En pensant mal des autres, nous les autorisons A mal *penser* de nous.

Pourquoi l'infinitif *penser* est-il précédé de la préposition *à?*

190. On souffre A *voir* ou DE *voir* des infortunés qu'on ne peut pas secourir.

Quels sont les verbes après lesquels le goût ou l'oreille permet d'employer indifféremment la préposition *de* ou la préposition *à* devant l'infinitif?

191. Je croyais *être* assez votre ami pour que vous ne puissiez me refuser ce service.

Pourquoi est-il moins bien de dire : Je croyais *que j'étais* assez votre ami, etc. ?

192. Il ne faut jamais défier un fou DE *faire* des folies.

Pourquoi l'infinitif *faire* est-il précédé de la préposition *de?*

193. Celui qui *ose dire* la vérité aux hommes a des droits incontestables à l'estime des gens sensés.

Pourquoi l'infinitif *dire* n'est-il précédé d'aucune préposition ?

194. Il n'y a qu'un fou qui puisse croire *qu'il est* capable de faire manquer une entreprise si bien conçue.

> Pourquoi ne faut-il pas dire : qui puisse *croire être* capable de *faire manquer* une entreprise , etc.?

195. Peux-tu dire *n'avoir* jamais *conservé* le souvenir des injures qui t'ont été faites?

> Pourquoi est-il moins bien de dire : Peux-tu dire *que tu n'as jamais conservé* le souvenir , etc.?

196. Henri IV, en oubliant le passé, contraignit ses ennemis A ou DE *devenir* ses amis.

> Quels sont les verbes après lesquels le goût ou l'oreille permet d'employer indifféremment la préposition *à* ou la préposition *de* devant l'infinitif?

197. On ne porte pas atteinte à la réputation des autres quand on craint DE *compromettre* la sienne.

> Pourquoi l'infinitif *compromettre* est-il précédé de la préposition *de?*

198. Celui qui hésite A *faire* son devoir ne mérite pas qu'on ait confiance en lui.

> Pourquoi l'infinitif *faire* est-il précédé de la préposition *à?*

199. Les lois ne contraignent pas les hommes A ou DE faire le bien , mais elles les empêchent de faire le mal.

> Quels sont les verbes après lesquels le goût ou l'oreille permet d'employer indifféremment *à* ou *de* devant l'infinitif?

200. Quel homme est assez dépourvu de bon sens pour *prétendre savoir* ce qu'il n'a jamais appris.

> Pourquoi l'infinitif *savoir* n'est-il précédé d'aucune préposition?

201. Celui qui a vécu en honnête homme et en chrétien ne doit pas appréhender DE *mourir.*

> Pourquoi l'infinitif *mourir* est-il précédé de la préposition *de?*

202. Le dispensateur de tous les biens nous a accordé la

fortune pour *que nous* la *partagions* avec les malheureux.

Pourquoi serait-il incorrect de dire : pour la *partager* avec
les malheureux ?

205. Donner de bons exemples aux hommes, c'est les
exhorter A bien *faire*.

Pourquoi l'infinitif *faire* est-il précédé de la préposition *à* ?

204. Les gens faibles *aiment mieux être* subjugués par
leurs mauvaises inclinations que de les combattre.

Pourquoi l'infinitif *être* n'est-il précédé d'aucune préposition ?

205. Que de gens désirent *être* ou D'*être* heureux, et
ne font rien pour assurer leur bonheur.

Pourquoi peut-on dire également bien : *être* heureux ou
D'*être* heureux ?

206. J'espère *pouvoir* vous témoigner ma reconnaissance.

Pourquoi est-il moins bien de dire : J'espère *que je pourrai*
vous, etc. ?

207. Quand un homme sensé a formé une résolution,
n'allez pas vous imaginer *que vous puissiez* l'en détourner
aisément.

Pourquoi ne faut-il pas dire : n'allez pas vous *imaginer pouvoir* l'en *détourner* aisément ?

208. Le Créateur nous a donné la vie pour *que nous en
fassions* un bon usage.

Pourquoi ne faut-il pas dire : *pour en faire* un bon usage ?

6

CHAPITRE XV.

SYNTAXE DU PARTICIPE PRÉSENT.

(Voy. *Nouvelle grammaire*, n° 591 et suivants.)

1. Le soleil, *s'élevant* majestueusement, rendait aux champs tout leur éclat.

Pourquoi *s'élevant* est-il invariable?

2. Des enfants dociles et *caressants* se font aimer de tout le monde.

Pourquoi *caressants* est-il variable?

3. Des écoliers *étudiant* avec ardeur ne peuvent manquer de faire des progrès.

A quoi reconnaît-on que *étudiant* est un participe présent?

4. Les eaux *dormantes* exhalent souvent une odeur infecte.

A quoi reconnaît-on que *dormantes* est un adjectif verbal?

5. Des ouvriers sans ouvrage, *abandonnant* leur patrie, ont porté leur industrie chez l'étranger.

A quel complément reconnaît-on que *abandonnant* est un participe présent?

6. Ces récits si *intéressants* et si *amusants* ont charmé tout le monde.

Outre l'état exprimé par *intéressants* et *amusants*, qu'est-ce qui indique que ces mots sont adjectifs verbaux?

7. N'est-ce pas un spectacle bien triste que des malheureux *mourant* de misère?

Mourant n'ayant qu'un complément indirect, à quoi reconnaît-on qu'il est participe présent?

8. Que d'hommes sont fiers avec leurs subordonnés et *rampants* avec leurs supérieurs.

Rampants n'ayant qu'un complément indirect, à quoi reconnaît-on qu'il est adjectif verbal ?

9. Des hommes *n'obéissant pas* aux lois sont les ennemis de la société.

Qu'est-ce qui indique que *obéissant* est un participe présent ?

10. Il est des gens dont on n'obtient quelque chose qu'*en employant* les importunités.

Quel mot indique que *employant* est un participe présent ?

11. Les rayons *vivifiants* du soleil éclairent et échauffent la terre.

A quoi reconnaît-on que *vivifiants* est un adjectif verbal ?

12 Toutes les planètes *circulant* autour du soleil ont été mises en mouvement par une impulsion commune.

Circulant n'ayant qu'un complément indirect, à quoi reconnaît-on que c'est un participe présent ?

13. Des bandes de grues, *traversant* les airs, se dirigeaient vers les contrées méridionales.

Pourquoi *traversant* est-il un participe présent ?

14. Ce sont des personnes douces, ne *grondant,* ne *contredisant* , ne *désobligeant* jamais.

Quels mots indiquent que *grondant*, *contredisant* et *désobligeant* sont des participes présents ?

15. Nos troupes, *attaquant* l'ennemi avec impétuosité, l'obligent à battre en retraite.

Pourquoi *attaquant* est-il un participe présent ?

16. On se compromet *en fréquentant* des gens d'une probité suspecte.

Quel mot indique que *fréquentant* est un participe présent ?

17. Les personnes *aimant* le travail ne connaissent point l'ennui.

Pourquoi *aimant* est-il invariable?

18. On entendait les cris des malheureux *roulant* dans la poussière.

Pourquoi *roulant* est-il un participe présent?

19. Il promenait sur ses amis consternés ses regards *mourants.*

Pourquoi *mourants* est-il variable?

20. Que d'hommes, *ne luttant pas* courageusement contre l'adversité, ne peuvent sortir de la misère où ils sont plongés.

A quoi reconnaît-on que *luttant* est un participe présent?

21. Il est des personnes naturellement bonnes et *obligeantes* par caractère.

A quoi reconnaît-on que *obligeantes* est un adjectif verbal?

22. Les arbres, *s'arrondissant* en voûte, offraient leur ombrage aux promeneurs.

Pourquoi *arrondissant* est-il invariable?

23. Nos soldats, quoique *combattant* courageusement, n'ont pu rester maîtres du champ de bataille.

Pourquoi *combattant* est-il invariable?

24. On a peine à comprendre qu'il y ait des peuples qui vivent continuellement *errants* dans les déserts.

Errants n'ayant qu'un complément indirect, à quoi reconnaît-on qu'il est adjectif verbal?

25. Il adressait à Dieu des prières *touchantes* pour qu'il lui conservât sa mère.

Pourquoi *touchantes* est-il variable?

26. On fait de solides progrès *en étudiant* avec une application soutenue.

Pourquoi *étudiant* est-il invariable?

27. Les arbres les plus élevés , *gémissant* sous les coups des haches, tombaient en *roulant* dans la montagne.

A quoi reconnaît-on que *gémissant* et *roulant* sont des parti-cipes présents ?

28. Des brebis *bélantes* bondissaient sur l'herbe.

Pourquoi *bélantes* est-il variable ?

29. Les habitants, *fuyant* l'ennemi, se réfugièrent dans les bois.

Pourquoi *fuyant* est-il invariable ?

50. Ses paroles *outrageantes* et ses gestes *menaçants* excitèrent la colère et l'indignation.

Outre l'état exprimé par les qualificatifs *outrageantes* et *me-naçantes*, qu'est-ce qui indique que ce sont des adjectifs verbaux ?

51. Une partie de la Hollande fut submergée, les digues *ne résistant pas* à l'impétuosité des flots.

Quels mots indiquent que *résistant* est un participe présent ?

52. C'est une chose *attendrissante* que la vue d'une mère entourée de ses enfants.

A quoi reconnaît-on que *attendrissante* est un adjectif verbal ?

53. Des génisses *éclatantes* de blancheur étaient placées au milieu des prairies comme pour les embellir.

Éclatantes n'ayant qu'un complément indirect, à quoi recon-naît-on qu'il est adjectif verbal ?

54.   Neptune , *en souriant*, entend sa plainte amère.

Quel nom donne-t-on au participe présent *souriant* ?

55. Les caravanes passent au milieu des sables *mou-vants* de l'Arabie.

Pourquoi *mouvants* est-il variable ?

56. Au milieu de ces déserts *brûlants* se trouvent quel-ques oasis toujours *verdoyantes*.

Outre l'état exprimé par les qualificatifs *brûlants* et *ver-doyantes*, qu'est-ce qui fait connaître que ce sont des adjectifs verbaux ?

37. Nous hasardons de perdre *en voulant* trop gagner.

Quel mot indique que *voulant* est un participe présent ?

38. Que l'on voit de gens *négligeant* leurs intérêts pour le plaisir !

A quoi reconnaît-on que *négligeant* est un participe présent ?

39. Les gens toujours tristes et *grondants* n'ont guère d'amis.

A quoi reconnaît-on que *grondants* est un adjectif verbal ?

40. Sa figure *ruisselante* de sueur annonçait une très grande fatigue.

Ruisselante n'ayant qu'un complément indirect, à quoi reconnaît-on qu'il est adjectif verbal ?

41. Des enfants *étourdissants* sont rarement des élèves studieux.

Pourquoi *étourdissants* est-il variable ?

42. Malgré les dangers qu'ils couraient, ils eurent la témérité de s'embarquer sur cette mer *mugissante*.

Outre l'état exprimé par le qualificatif *mugissante*, qu'est-ce qui fait connaître que c'est un adjectif verbal ?

43. Ce sont des enfants indociles, *n'écoutant jamais* ce qu'on leur dit.

Quels mots indiquent que *écoutant* est un participe présent ?

44. J'ai vu ces enfants *manquant* de respect à leur père.

A quoi reconnaît-on que *manquant* est un participe présent ?

45. Le lierre et la vigne, *grimpant* après les arbres, semblent leur demander appui.

Grimpant n'ayant qu'un complément indirect, à quoi reconnaît-on que c'est un participe présent ?

46. Les brebis *bêlantes* et les vaches *mugissantes* quittaient la prairie au coucher du soleil.

Outre l'état exprimé par les qualificatifs *bêlantes* et *mugissantes*, qu'est-ce qui fait connaître que ce sont des adjectifs verbaux ?

47. Des torrents, *tombant* en cascade, arrêtaient le voyageur dans sa marche.

Pourquoi *tombant* est-il invariable?

48.   Des chanoines vermeils et *brillants* de santé.

Pourquoi *brillants* est-il variable?

49. Deux mille cavaliers *sortant* de la ville se dirigèrent vers le camp.

A quoi reconnaît-on que *sortant* est un participe présent?

50. La tempête nous *menaçant*, nous cherchâmes un abri au milieu des rochers.

Pourquoi *menaçant* est-il invariable?

51. La guerre civile, *éclatant* dans la ville, présageait les plus grands malheurs.

Éclatant n'ayant qu'un complément indirect, à quoi reconnaît-on que c'est un participe présent?

52. La jeunesse, réunie par le plaisir, dansait sur des gazons *verdoyants*.

Pourquoi *verdoyants* est-il variable?

53. Ils périrent tous en *combattant*.

Pourquoi *combattant* est-il invariable?

54. Tant de périls *renaissants* finirent par ébranler son courage.

Pourquoi *renaissants* est-il un adjectif verbal?

CHAPITRE XVI.

SYNTAXE DU PARTICIPE PASSÉ.

Participe sans auxiliaire. — Participe avec l'auxiliaire ÊTRE. — *Participe avec l'auxiliaire* AVOIR. — *Participe d'un* VERBE PRONOMINAL.

(Voy. *Nouvelle grammaire*, du n° 599 au n° 613 compris.)

1. Les bienfaits *reprochés* perdent leur prix.

Pourquoi le participe *reprochés* est-il variable?

2. *Habitués* à l'exercice, les enfants deviennent plus forts et plus agiles.

Pourquoi le participe *habitués* est-il variable ?

3. *Excepté* la vertu, rien n'est durable dans ce monde.

Pourquoi le participe *excepté* est-il invariable ?

4. *Supposé* cette tâche *accomplie*, comment ne pas se réjouir d'avoir eu le courage de l'entreprendre.

Expliquez pourquoi les participes *supposé* et *accomplie* s'écrivent ainsi.

5. *Passé* la première moitié de la vie, l'imagination se nourrit plus de regrets que d'espérance.

Pourquoi le participe *passé* est-il invariable ?

6. Mes amis *exceptés*, personne ne m'a témoigné d'intérêt.

Pourquoi le participe *exceptés* est-il variable ?

7. Ces faits *supposés* vrais, on doit l'absoudre de l'accusation qui pèse sur lui.

Pourquoi le participe *supposés* est-il variable ?

8. Les enfants studieux sont toujours *récompensés*.

Pourquoi le participe *récompensés* est-il variable ?

9. L'autorité qui n'est pas *respectée* est bientôt *méconnue*.

Pourquoi les participes *respectée*, *méconnue* prennent-ils l'accord ?

10. C'est aux Allemands qu'est *due* l'invention de l'imprimerie.

Pourquoi le participe *due* prend-il l'accord ?

11. Les bienfaits qu'on a *prodigués* la veille sont *payés* le lendemain par la reconnaissance.

Pourquoi les participes *prodigués* et *payés* adoptent-ils l'accord ?

12. La nature a *créé* les intelligences inégales.

Pourquoi le participe *créé* est-il invariable ?

13. L'armée ennemie a *combattu* avec un courage qui aurait *mérité* un meilleur sort.

Pourquoi les participes *combattu* et *mérité* ne prennent-ils pas l'accord?

14. Il regrette les nombreuses années qu'il a *vécu* sans s'occuper de son instruction.

Pourquoi le participe *vécu* est-il invariable ?

15. Quelle renommée ne se sont pas *acquise* les rois qui se sont *faits* les bienfaiteurs des peuples !

Pourquoi les participes *acquise* et *faits* adoptent-ils l'accord?

16. Elles se sont *orné* l'esprit de connaissances utiles.

Pourquoi le participe *orné* est-il invariable ?

17. Ils se sont *accordés* sur la manière de terminer cette affaire.

Pourquoi le participe *accordés* prend-il l'accord ?

18. Il n'y a que les jeunes gens qui se sont *adonnés* sérieusement à l'étude qui aient fait de solides progrès.

Pourquoi le participe *adonnés* est-il variable?

19. Les Romains s'étaient *empressés* d'envoyer un consul en Espagne.

Pourquoi le participe *empressés* s'accorde-t-il?

20. Les archevêques d'Upsal se sont *arrogé* le droit de sacrer les rois de Suède.

Pourquoi le participe *arrogé*, quoique appartenant à un verbe pronominal essentiel, est-il invariable?

21. Ces deux frères se sont *ressemblé* au point qu'on les prenait l'un pour l'autre.

Expliquez pourquoi le participe *ressemblé* est invariable.

22. Ils se sont *prévalus*, pour en abuser, des bontés que vous avez eues pour eux.

Se prévaloir étant formé d'un verbe neutre, pourquoi le participe *prévalus* est-il variable?

6.

23. Les animaux domestiques ont été *créés* pour rendre des services à l'homme.

Pourquoi le participe *créés* varie-t-il ?

24. Racine et Boileau ont *vécu* dans une étroite intimité.

Pourquoi le participe *vécu* est-il invariable ?

25. Ils se sont *nui* par une excessive légèreté.

Pourquoi le participe *nui* est-il invariable ?

26. Tous les États allemands, *excepté* l'Autriche, contribuèrent au maintien de la paix.

Pourquoi le participe *excepté* est-il invariable ?

27. Ils répandirent des larmes abondantes en voyant la tombe où étaient *déposées* les cendres de leur mère.

Pourquoi le participe *déposées* s'accorde-t-il ?

28. Les malheureux se sont *souvenus* des secours que vous leur avez prodigués.

Pourquoi le participe *souvenus* est-il variable ?

29. *Supposé* la confiance rétablie, comment ne pas croire que le commerce reprenne une nouvelle vie ?

Pourquoi le participe *supposé* est-il invariable ?

30. *Nés* pour l'indépendance, certains animaux conservent toujours un caractère féroce.

Pourquoi le participe *nés* prend-il l'accord ?

31. Les Espagnols ne s'étaient point *doutés* de l'impétuosité avec laquelle les Français allaient les attaquer.

Pourquoi le participe *doutés* prend-il l'accord ?

32. Ils ont été bien malheureux pendant les deux ans qu'ils ont *langui* loin de leur patrie.

Pourquoi le participe *langui* est-il invariable ?

33. Les statues qui sont *dressées* aux vivants sont de neige, et fondent sous les rayons brûlants de la vérité.

Pourquoi le participe *dressées* est-il variable ?

34. *Passé* les Alpes, l'aspect de la nature prend un caractère tout différent.

Expliquez pourquoi le participe *passé* ne varie point.

35. Combien de difficultés ont *rencontrées* ceux qui ont *formé* de grandes entreprises!

Pourquoi le participe *rencontrées* est-il variable, et le participe *formé* invariable?

36. N'est-il pas juste que les méchants soient *punis* des mauvaises actions qu'ils ont *commises?*

Pourquoi les participes *punis* et *commises* prennent-ils l'accord?

37. Ils se sont *avoué* les torts qu'ils avaient *eus*, et se les sont *pardonnés*.

Expliquez pourquoi le participe *avoué* est invariable et les participes *eus* et *pardonnés*, variables.

38. Quelques députés *exceptés*, toute l'assemblée a *voté* pour cet amendement.

Pourquoi le participe *excepté* prend-il l'accord, et le participe *voté* est-il invariable?

39. Des larmes s'étant *échappées* des yeux de Coriolan, on comprit que Rome était sauvée.

Expliquez le motif pour lequel le participe *échappées* prend l'accord.

40. Les enfants *accoutumés* à faire leurs volontés deviennent insupportables.

Pourquoi le participe *accoutumés* adopte-t-il l'accord?

41. Les avantages que votre ami a *retirés* de cette affaire n'ont pas été en raison de la peine qu'il s'est *donnée*.

Expliquez pour quelle raison les participes *retirés* et *donnée* s'accordent.

Participe d'un verbe unipersonnel. — Participe entre deux QUE. *— Participe ayant pour complément direct* L'. *— Participe suivi d'un infinitif. — Participes sur les règles dont il a été question précédemment.*

(Voy. *Nouvelle grammaire,* du n° 614 au n° 625 inclusivement.)

42. Que de vaisseaux il s'est *construit* en Angleterre pendant la dernière guerre qu'il y a *eu.*

Pourquoi les participes *construit* et *eu* ne varient-ils pas?

43. Les pluies qu'il a *fait* nuiront aux productions de la terre.

Pourquoi le participe *fait* est-il invariable?

44. Vous n'avez pas fait usage des mesures de prudence que j'avais *désiré* que vous employassiez.

Pourquoi le participe *désiré* est-il invariable?

45. La conquête de l'Égypte n'a pas été aussi féconde en résultats heureux qu'on l'avait *espéré.*

Pourquoi le participe *espéré* est-il au masculin singulier?

46. Que d'élégants papillons nous avons *vus* voltiger sur les fleurs.

Pourquoi le participe *vus* prend-il l'accord?

47. Les discours que j'ai *entendu* prononcer m'ont semblé médiocres.

Pourquoi le participe *entendu* est-il invariable?

48. Les mauvaises habitudes qu'on a *laissées* se développer sont de mauvaises herbes qui finissent par étouffer les bonnes.

Pourquoi le participe *laissées* prend-il l'accord?

49. Les ennemis s'étant *laissé* surprendre, ne tardèrent pas à déposer les armes.

Pourquoi le participe *laissé* ne prend-il pas l'accord?

50. L'espérance de voir bientôt un terme à nos peines nous les a *fait* supporter avec plus de résignation.

Pourquoi le participe *fait* reste-t-il invariable?

51. Les habitants, après avoir fait tous les efforts qu'ils ont *pu*, ont abandonné la ville pour échapper à la fureur du vainqueur.

Expliquez pourquoi le participe *pu* ne varie point.

52. En vous rendant tous les services que nous avons *dû*, nous n'avons consulté que notre amitié.

Pourquoi le participe *dû* est-il invariable?

53. Quoiqu'on lui ait accordé toutes les choses qu'il a *voulues*, il n'en a pas été moins exigeant.

Expliquez pourquoi, dans cette phrase, le participe *voulues* s'accorde.

54. Une si grande infortune nous a *déterminés* à secourir cette famille.

Pourquoi le participe *déterminés* prend-il l'accord?

55. Napoléon abandonna l'Espagne pour porter ses forces vers la Russie, qu'il avait *résolu* de rendre le théâtre de la guerre.

Pourquoi le participe *résolu* est-il invariable?

56. Grâce à leur bravoure, nos troupes ont surmonté facilement les obstacles qu'elles ont *eus* (ou *eu*) à vaincre.

Expliquez pourquoi le participe *eu* peut, dans cette phrase, s'écrire également variable ou invariable.

57. Les enfants qu'on vous a *donnés* (ou *donné*) à élever répondront sans doute à vos soins.

Expliquez pourquoi le participe *donné* peut, dans cette phrase, adopter ou rejeter l'accord.

58. Les difficultés qu'on a *cherché* à vaincre deviennent plus faciles à surmonter.

Pourquoi le participe *cherché* est-il invariable?

59. Les succès que j'avais *prévu* que vous obtiendriez, vous les avez *obtenus*.

Pourquoi le participe *prévu* est-il invariable et le participe *obtenus* variable ?

60. Cent ans d'oisiveté ne valent pas une heure qu'on a *su* bien employer.

Pourquoi le participe *su* est-il invariable ?

61. Il a obtenu de ses professeurs toutes les faveurs qu'il a *voulu*.

Expliquez pourquoi le participe *voulu* ne prend pas l'accord.

62. Les orateurs que j'ai *entendus* parler me paraissent fort éloquents.

Pourquoi le participe *entendus* prend-il l'accord ?

63. La reconnaissance des peuples s'est *chargée* d'éterniser la mémoire des bons rois.

Pourquoi le participe *chargée* s'accorde-t-il ?

64. Cette bataille, quoique désastreuse, n'a pas été aussi meurtrière qu'on l'avait *cru*.

Pourquoi le participe *cru* est-il au masculin singulier ?

65. Nous ne retrouvâmes plus l'occasion que nous avions *laissée* échapper.

Pourquoi le participe *laissée* est-il variable ?

66. Les difficultés que les grands talents dans tous les genres ont *eues* (ou *eu*) à surmonter doivent servir d'avertissement à ceux qui veulent les imiter.

Expliquez pourquoi le participe *eu* adopte ou rejette ici l'accord.

67. Les faux bruits qu'on a *fait* circuler n'ont pas contribué à rétablir la confiance.

Pourquoi les participes *fait* et *contribué* sont-ils invariables ?

68. Les difficultés qu'il y a eu ont retardé la conclusion de cette affaire.

Pourquoi le participe *eu* est-il invariable ?

69. C'est en faisant les plus grands sacrifices qu'il a pu payer la somme considérable qu'il nous a *due*.

Pourquoi le participe *due* est-il variable?

70. L'issue de ce combat a été telle qu'on l'avait *prévu*.

Pourquoi le participe *prévu* est-il au masculin singulier?

71. Nos soldats se seraient *laissé* tailler en pièces plutôt que de reculer devant l'ennemi.

Pourquoi le participe *laissé* ne prend-il pas l'accord?

72. Les récits que vous avez *entendu* faire étaient contraires à la vérité.

Pourquoi le participe *entendu* est-il invariable?

73. Il était à craindre que les mesures *qu'on les* avait *engagés* à prendre ne parussent trop sévères.

Expliquez pourquoi le participe s'accorde avec *les*, et non avec *que*.

74. Il s'est imposé tous les sacrifices qu'il a *dû* et qu'il a *pu* pour venir au secours de sa famille.

Expliquez pourquoi les participes *dû* et *pu* ne prennent pas l'accord.

75. Il valait mieux ne pas travailler que de faire avec négligence les devoirs qu'on vous a *donnés* (ou *donné*) à faire.

Expliquez pourquoi le participe *donné* peut, dans cette circonstance, s'écrire variable ou invariable.

76. Que d'amitiés et de dévouements les disgrâces ont quelquefois *fait* naître.

Pourquoi le participe *fait* reste-t-il invariable?

77. Pour être sûr qu'une chose est vraie, il faut l'avoir *vue* s'accomplir sous ses yeux.

Pourquoi le participe *vue* est-il variable?

78. Annibal laissa ses troupes s'amollir à Capoue, au

lieu de les diriger vers Rome, qu'on avait *supposé* qu'il assiégerait.

Pourquoi le participe *supposé* ne varie-t-il pas?

79. N'abandonnez jamais les sentiments de délicatesse qu'on a *tâché* de vous inspirer.

Pourquoi le participe *tâché* est-il invariable?

Participe précédé de LE PEU. — *Participe accompagné du pronom* EN. — *Participes* COUTÉ *et* VALU. — *Participe soumis aux mêmes règles d'accord que l'adjectif et le verbe.*

(Voy. *Nouvelle grammaire,* du n° 626 au n° 629 *bis* compris.)

80. Le *peu* d'ouvrages qu'a *composés* Collardeau font regretter qu'il n'ait pas écrit davantage.

Pourquoi le participe *composés* est-il au masculin et au pluriel?

81. Les fautes nombreuses de langage prouvent *le peu* d'éducation qu'on a *reçu.*

Pourquoi le participe *reçu* est-il au masculin et au singulier?

82. Quoique l'invention des orgues remonte à une époque fort reculée, nous n'*en* avons *possédé* en France que vers le IX\ :e siècle.

Pourquoi le participe *possédé* ne prend-il pas l'accord?

83. La religion veut que nous aimions notre prochain, et que nous ne nous vengions jamais des injures que nous *en* avons *reçues.*

Pourquoi le participe *reçues* prend-il l'accord?

84. Plus d'ennemis on lui a *suscités, plus* il *en* a *vaincu.*

Expliquez pourquoi le participe *suscités* est variable, et le participe *vaincu,* invariable.

85. Plus on l'a félicité sur ses progrès, *moins* il *en* a *fait.*

Expliquez pour quel motif le participe *fait* est employé au masculin singulier.

86. On ne doit jamais regretter ni le temps ni la peine qu'a *coûtés* une bonne action.

> Pourquoi le verbe *coûter* est-il actif, et a-t-il son participe passé variable ?

87. Les témoignages d'estime que sa conduite lui a *valus* ont été pour lui une douce récompense.

> Pourquoi le verbe *valoir* est-il actif, et a-t-il son participe passé variable ?

88. La bravoure, le courage qu'il a *montré* lui fera obtenir de l'avancement.

> Pourquoi le participe *montré* prend-il le genre et le nombre du substantif *courage?*

89. On ne sait si c'est son courage ou sa prudence qu'on a le plus *louée.*

> Pourquoi le participe *louée* prend-il le genre et le nombre du substantif *prudence?*

90. Il suffit d'un discours, d'une parole qu'on a *prononcée* légèrement pour porter atteinte à la réputation.

> Pourquoi le participe *prononcée* prend-il le genre et le nombre du substantif *parole?*

91. C'est son intérêt, ainsi que votre félicité, qu'il a *eu* en vue.

> Pourquoi le participe *eu* prend-il le genre et le nombre du substantif *intérêt?*

92. C'est votre application, comme votre zèle, qu'on a *récompensée.*

> Pourquoi le participe *récompensée* prend-il le genre et le nombre du substantif *application?*

93. *La moitié* du village est *placée* sur le bord de la mer.

> Pourquoi le participe *placée* s'accorde-t-il avec *moitié*, et non avec *village?*

94. Un grand nombre de soldats étaient *accablés* de fatigue et de misère.

> Pourquoi le participe *accablés* s'accorde-t-il avec *soldats* et non avec *nombre?*

95. Il est certain qu'il existe des anthropophages, et qu'on *en* a *trouvé* dans quelques parties de l'Afrique et de l'Amérique.

Pourquoi le participe *trouvé* est-il invariable ?

96. C'est *le peu* de peine que cela vous a *fait* qui nous fait douter de votre sensibilité.

Pourquoi le participe *fait* s'écrit-il au masculin singulier ?

97. Le temps n'avait pas encore adouci la douleur que lui avait *coûtée* cette cruelle séparation.

Pourquoi le verbe *coûter* est-il actif, et a-t-il son participe variable ?

98. Combien d'hommes auraient acquis des talents et de la célébrité, si le manque de fortune ne les *en* avait pas *empêchés.*

Expliquez pourquoi le participe *empêchés* s'écrit avec accord.

99. C'est surtout de la bonne foi *ou* de la simplicité qu'ont *montrée* les honnêtes gens que les fripons se sont prévalus pour les tromper.

Avec quel substantif s'accorde le participe *montrée?*

100. Parmi les hommes comblés des faveurs de la fortune, *combien en* a-t-on *vu* qui en faisaient un mauvais usages.

Pourquoi le participe *vu* est-il au masculin et au singulier ?

101. C'est sa douceur, son aménité, que tout le monde a *louée.*

Pourquoi le participe *louée* ne s'accorde-t-il qu'avec le dernier substantif (aménité) ?

102. Parmi les capitaines dont la France se glorifie, nous n'*en* avons jamais *eu* qu'on puisse comparer à ce grand homme.

Pourquoi le participe *eu* reste-t-il invariable ?

103. Qu'il est doux de se rappeler les jouissances que nous a *values* une bonne action.

Pourquoi le verbe *valoir* est-il actif, et a-t-il son participe passé variable ?

104. Le grand nombre de sauterelles qui s'est *abattu* sur cette contrée a détruit la récolte.

Pourquoi le participe *abattu* s'accorde-t-il avec *nombre*, et non avec *sauterelles?*

105. Le *peu* de vivres qu'on a *introduits* suffirent pour relever le courage des soldats.

Pourquoi le participe *introduits* est-il au masculin et au pluriel?

106. On a érigé plus de monuments à la gloire des conquérants qu'on n'*en* a *élevé* à la gloire des bienfaiteurs de l'humanité.

Pourquoi le participe *élevé* n'admet-il pas l'accord?

107. C'est la fortune, *aussi bien que* la gloire, qu'il a *ambitionnée.*

Quel est le substantif avec lequel s'accorde le participe *ambitionnée?*

108. Quelques torts qu'un homme puisse avoir à notre égard, n'oublions jamais les bienfaits que nous *en* avons *reçus.*

Expliquez la raison pour laquelle le participe *reçus* prend l'accord.

Exercice sur toutes les difficultés du participe passé.

109. Les Romains rendirent des honneurs à Pompée comme ils n'*en* avaient jamais *rendu* à aucun autre général.

Pourquoi le participe *rendu* ne prend-il pas l'accord?

110. Ses amis se sont *abstenus* de lui donner des louanges qu'il n'avait pas *méritées.*

Pourquoi les participes *abstenus* et *méritées* prennent-ils l'accord?

111. Combien de jeunes gens se sont *laissés* aller au mal en suivant de perfides conseils.

Pourquoi le participe *laissés* prend-il l'accord?

112. Les enfants *élevés* dans la modération deviennent des hommes sages.

Pourquoi le participe *élevés* est-il variable ?

113. La fin de cette guerre si injuste fut aussi heureuse qu'on l'avait *désiré.*

Pourquoi le participe *désiré* est-il au masculin singulier?

114. Une politique sage nous a *rendus* les arbitres des autres nations.

Pourquoi le participe *rendus* prend-il l'accord?

115. La classe où sont *réunis* ces élèves est *dirigée* par un professeur habile.

Pourquoi les participes *réunis* et *dirigée* prennent-ils l'accord?

116. Tout le matériel de l'armée tomba au pouvoir des ennemis, *excepté* quelques pièces d'artillerie.

Pourquoi le participe *excepté* est-il invariable?

117. Le plaisir que cause le succès d'une entreprise est toujours proportionné aux soins qu'elle nous a *coûtés.*

Pourquoi le verbe *coûter* est-il actif, et a-t-il son participe passé variable ?

118. Il y a lieu de croire que nos premiers pères se sont *bornés* à cultiver la terre.

Pourquoi le participe *bornés* s'écrit-il avec accord ?

119. Dieu nous a *distingués* des animaux par le don de la parole.

Pourquoi le participe *distingués* est-il variable ?

120. Corneille et Racine sont les plus grands poètes tragiques que la France ait *vus* naître.

Pourquoi le participe *vus* adopte-t-il l'accord ?

121. Une connaissance superficielle des hommes et des choses les a *fait* tomber dans mille erreurs.

Pourquoi le participe *fait* ne varie-t-il pas ?

122. Je quittai l'hôtellerie au grand déplaisir de l'hôte, qui se vit privé de la dépense qu'il avait *compté* que je ferais chez lui.

Expliquez pourquoi le participe *compté* ne varie point.

123. Une fois maître de la ville, le vainqueur, oubliant ses promesses, n'a accordé à la garnison que les conditions qu'il a *voulu*.

Pourquoi le participe *voulu* reste-t-il invariable ?

124. Il ne vous parlera pas, par modestie, *du peu* de capacité qu'il a *acquise* dans la direction des affaires publiques.

Pourquoi le participe *acquise* est-il au féminin et au singulier ?

125. Presque tous les savants de l'antiquité se sont *appliqués* à créer des systèmes.

Pourquoi le participe *appliqués* prend-il l'accord ?

126. Le succès nous a *récompensés* de toutes les peines que nous avons *eues*.

Pourquoi les participes *récompensés* et *eues* sont-ils variables ?

127. La découverte des aérostats n'a pas eu toute l'utilité qu'on *en* avait *espérée*.

Pourquoi le participe *espérée* s'accorde-t-il ?

128. Les grands hommes appartiennent moins au siècle qui les a *vus* naître qu'au siècle qui les a *formés*.

Expliquez l'accord des participes *vus* et *formés*.

129. L'habitude que nous avions *contractée* de juger les autres d'après nous-mêmes nous a *fait* tomber dans d'étranges erreurs.

Pourquoi les participes *contractée* et *fait* s'écrivent-ils ainsi ?

150. On doit regarder comme perdus les jours qu'on a *vécu* dans l'oisiveté.

Pourquoi le participe *vécu* ne varie-t-il pas ?

151. Les méchants se sont toujours *prévalus* de la bonne foi des honnêtes gens pour les tromper.

Pourquoi le participe *prévalus* prend-il l'accord ?

152. Il avait tant de livres qu'on ne sait pas *combien* il *en* a *perdu.*

Expliquez pourquoi le participe *perdu* est au masculin et au singulier.

153. Le règne de Charlemagne est un des plus glorieux qu'il y ait *eu* en France.

Pourquoi le participe *eu* est-il invariable ?

154. Nous ne devons jamais divulguer les secrets qu'on nous a *confiés.*

Pourquoi le participe *confiés* s'accorde-t-il ?

155. Nos troupes se sont *emparées* en moins de six mois de toutes les villes que Louis **XIV** s'était *proposé* d'attaquer.

Expliquez pour quelle raison les participes *emparées* et *proposé* s'écrivent ainsi.

156. La religion s'est *réservé* de montrer aux hommes le chemin qui conduit au bonheur.

Pourquoi le participe *réservé* reste-t-il invariable ?

157. Une jeunesse *passée* dans de folles joies prépare une vieillesse *anticipée.*

Expliquez pourquoi s'accordent les participes *passée* et *anticipée.*

158. Quand l'ambition s'est *emparée* de notre âme, elle nous trouve *disposés* à tout lui sacrifier.

Pourquoi les participes *emparée* et *disposés* sont-ils variables ?

159. La fondation de cette colonie est au nombre des plus grands desseins qu'ait jamais *formés* le génie de l'homme.

Pourquoi le participe *formés* est-il au masculin et au pluriel ?

140. Les plus brillantes réputations ne valent jamais

les sacrifices qu'elles ont *coûtés,* ni les peines qu'elles ont *values.*

> Pourquoi les verbes *coûter* et *valoir* sont-ils actifs, et ont-ils leur participe passé variable?

141. Pour comprendre la propagation miraculeuse de la religion chrétienne, il faut considérer les obstacles qu'elle a *eus* (ou *eu*) à surmonter.

> Expliquez pourquoi le participe *eu* s'écrit également avec ou sans accord.

142. Cette réputation, il se l'est *attribuée* sans y avoir aucun droit.

> Expliquez pourquoi le participe *attribuée* adopte l'accord.

143. Pauvre Didon, où t'a *réduite*
      De tes maris le triste sort?

> Pourquoi le participe *réduite* est-il variable ?

144. L'éloquence est *née* avant les règles de la rhétorique, comme les langues ont été *formées* avant la grammaire.

> Pourquoi les participes *née* et *formées* s'écrivent-ils avec accord ?

145. Ils rougissaient de honte de s'être *laissés* aller à tant de confiance, et de s'être *laissé* vaincre par des adversaires si peu redoutables.

> Expliquez pourquoi le participe *laissé* s'écrit avec accord dans le premier membre de phrase, et sans accord dans le second.

146. La bataille que les deux armées se sont *livrée* près de Lodi a été décisive.

> Pourquoi le participe *livrée* est-il accordé ?

147. Nous nous sommes occupés sérieusement de toutes les difficultés *que* vous *nous* aviez *chargés* de résoudre.

> Quel est celui des deux compléments directs avec lequel s'accorde le participe *chargés?*

148. La tempête a été si violente, qu'une multitude de vaisseaux ont été fort *endommagés*.

> Pourquoi le participe *endommagés* s'accorde-t-il avec *vaisseaux*, et non avec *multitude?*

149. La fortune a toujours *récompensé* les hommes sages et laborieux.

> Pourquoi le participe *récompensé* est-il invariable?

150. A peine s'étaient-ils *vus* qu'ils se sont *convenu*.

> Pourquoi le participe *vus* est-il variable et le participe *convenu* invariable?

151. Les personnes qui m'avaient *rendu* autrefois des services ne m'en ont pas même *offert* depuis que je suis malheureux.

> Pourquoi les participes *rendu* et *offert* sont-ils invariables?

152. Ils se sont *abordés* et se sont *parlé* comme s'ils n'avaient jamais été *fâchés*.

> Expliquez pourquoi les participes *abordés*, *parlé*, *fâchés* s'écrivent ainsi.

153. L'affaire paraissant plus grave qu'on ne l'avait *supposé*, les consuls ne voulurent prendre aucune résolution sans avoir *consulté* le sénat.

> Pourquoi le participe *supposé* est-il au masculin singulier, et le participe *consulté* invariable?

154. Il semble que les sociétés savantes se soient *créé* des difficultés pour avoir le mérite de les vaincre.

> Pourquoi le participe *créé* reste-t-il invariable?

155. Autant de batailles il a *livrées, autant* il *en* a *gagné.*

> Expliquez pourquoi *livrées* est au féminin pluriel et *gagné* au masculin singulier.

156. Que de sacrifices n'a pas *faits* l'Angleterre pendant les trente années que la guerre a *duré*.

> Expliquez le motif pour lequel le participe *faits* s'accorde, et le participe *duré* est invariable.

157. Il est des hommes chez lesquels les bienfaits ne peuvent étouffer les sentiments de haine qu'une offense y a *fait* naître.

Pourquoi le participe *fait* est-il invariable?

158. En se montrant une confiance sans bornes, ils se sont *donné* la plus grande preuve d'amitié.

Expliquez pourquoi le participe *donné* ne s'accorde pas.

159. Les soldats que vous avez *vu* décorer ont mérité cette distinction par leur bravoure.

Pourquoi le participe *vu* est-il invariable?

160. Les années que nous avons *consacrées* à étudier les lettres ont été les plus agréables de notre vie.

Expliquez pourquoi le participe *consacrées* est variable.

161. Nos soldats se sont *montrés* dignes du chef qui les a *conduits* tant de fois à la victoire.

Pourquoi les participes *montrés* et *conduits* prennent-ils l'accord?

162. Il y a des sottises bien *habillées* comme il y a des sots bien *vêtus*.

Expliquez pourquoi les participes *habillées* et *vêtus* s'accordent.

163. On lui a prêté toutes les sommes qu'il lui a *fallu*.

Pourquoi le participe *fallu* est-il invariable?

164. Les événements qui se sont *succédé* se sont *opposés* à l'accomplissement de nos désirs.

Expliquez pourquoi les participes *succédé* et *opposés* s'écrivent ainsi.

165. Les hommes ont toujours *mesuré* les dangers sur la crainte qu'ils leur ont *causée*.

Expliquez pourquoi le participe *mesuré* est invariable, et le participe *causée* variable.

166. Ces deux philosophes se sont *fait* remarquer par leur sagesse.

Pourquoi le participe *fait* est-il invariable?

7

167. Tout le monde nous a *entendus* louer votre application et votre ardeur au travail.

Pourquoi le participe *entendus* prend-il l'accord ?

168. L'équité et la droiture sont *placées* au rang des vertus les plus *estimées*.

Pourquoi les participes *placées* et *estimées* sont-ils variables ?

169. Que de palais *détruits*, de trônes *renversés*,
Que de lauriers *flétris*, que de sceptres *brisés*.

Expliquez pourquoi s'accordent les participes *détruits*, *renversés*, *flétris*, *brisés*.

170. Les principales académies se sont *fait* quelques objections qu'elles ne résoudront pas de longtemps.

Pourquoi le participe *fait* est-il invariable ?

171. Personne ne nous a *entendu* blâmer de la conduite que nous avons tenue dans cette circonstance.

Pourquoi le participe *entendu* est-il invariable ?

172. Tibérius Gracchus et son frère Caïus, qu'on avait *accusés* d'aspirer à la monarchie, périrent victimes de la jalousie des patriciens.

Expliquez pourquoi le participe *accusés* s'écrit avec accord.

173. Les poètes se sont *chargés* de célébrer la bonté et la toute-puissance du Créateur.

Pourquoi le participe *chargés* prend-il l'accord ?

174. *Supposé* la terre immobile, il faut nécessairement admettre le mouvement du soleil autour de notre globe.

Dites pourquoi le participe *supposé* est invariable.

175. Le désir de visiter ces ruines nous a *conduits* loin de la ville.

Pourquoi le participe *conduits* prend-il l'accord ?

176. Quelles tempêtes n'ont pas *eues* (ou *eu*) à essuyer ceux qui sont enfin entrés dans le port.

Expliquez pour quelle raison le participe *eu*, peut, dans cette phrase, s'écrire avec ou sans accord.

177. Qui pourra dire combien d'infortunés elle a *secourus*, combien elle *en* a *consolé*.

Expliquez pourquoi *secourus* s'écrit au masculin pluriel, et *consolé* au masculin singulier.

178. Pluton, Neptune et Jupiter se sont *partagé* le ciel, la mer et l'enfer.

Pourquoi le participe *partagé* est-il invariable?

179. Nos soldats étaient si nombreux, qu'on ignore *combien* le froid et la misère *en* ont *détruit*.

Pourquoi le participe *détruit* est-il au masculin et au singulier?

180. Les lettres *que* vous *l'*aviez *priée* d'écrire, elle ne les terminera que demain.

Quel est celui des deux compléments directs *que, la*, qui communique l'accord au participe?

●**181.** Les enfants *élevés* à la campagne deviennent beaucoup plus robustes.

Pourquoi le participe *élevés* prend-il l'accord?

182. Ils ont de l'amitié l'un pour l'autre, et ils se la sont toujours *témoignée*.

Pourquoi le participe *témoignée* est-il variable?

183. Vous croyez n'avoir pas *mérité* d'éloges, et cependant tout le monde vous *en* a *adressé*.

Pourquoi les participes *mérité* et *adressé* sont-ils invariables?

184. Que d'ouvrages précieux le temps nous a *enlevés*! *combien* nous *en* eussions *conservé*, si l'imprimerie eût *existé* du temps des Grecs et des Romains!

Pourquoi les participes *enlevés, conservé, existé* s'écrivent-ils ainsi?

185. Vous avez oublié les livres *que* j'avais *demandé* que vous apportassiez.

Pourquoi le participe *demandé* est-il invariable?

186. La grandeur des peuples s'est toujours *mesurée* à l'échelle de leur intelligence.

Pourquoi le participe *mesurée* est-il variable?

187. *Excepté* les déserts de l'Afrique, on trouve sur le globe peu de pays inhabitables.

Expliquez le motif pour lequel le participe *excepté* est invariable.

188. Que de reconnaissance ne devons-nous pas au Créateur, qui nous a *prodigué* tant de bienfaits.

Pourquoi le participe *prodigué* est-il invariable?

189. Les grands talents *livrés* et *abandonnés* à eux-mêmes prennent facilement une mauvaise direction.

Pourquoi les participes passés *livrés*, *abandonnés* sont-ils variables?

190. Les lois se sont *multipliées* à mesure que les mœurs se sont *dépravées*.

Expliquez pourquoi les participes *multipliées* et *dépravées* prennent l'accord.

191. Il suffit qu'une chose soit *louée* avec excès pour qu'on la trouve au-dessous de l'idée qu'on s'*en* était *formée*.

Pourquoi les participes *louée* et *formée* sont-ils variables?

192. Quelle qu'ait été leur position, ils se sont toujours *suffi*.

Pourquoi le participe *suffi* est-il invariable?

195. *Fatigués* d'une longue marche, nous nous sommes *reposés* quelques instants.

Pourquoi les participes *fatigués*, *reposés* s'accordent-ils?

194. Que d'hommes sont *destinés* à périr dans l'oubli.

Pourquoi le participe *destinés* prend-il l'accord?

195. Un homme dont les déterminations sont invariables veut toujours les choses qu'il a *voulues*.

Pourquoi le participe *voulues* prend-il l'accord?

196. Cette découverte a *excité* de la sensation, à en juger par les rapports que les Académies en ont *faits*.

Expliquez pourquoi *excité* est invariable et *faits* variable.

197. Quels héros l'amour de la patrie n'a-t-il pas *formés !*

Pourquoi le participe *formés* est-il variable ?

198. Il est rare que des jeunes gens studieux et zélés n'aient pas fait tous les progrès qu'ils ont *voulu*.

Expliquez pourquoi le participe *voulu* ne prend pas l'accord.

199. Un grand nombre de soldats qu'on avait *faits* prisonniers sont *parvenus* à s'échapper.

Pourquoi les participes *faits* et *parvenus* s'accordent-ils avec *soldats*, et non avec *nombre* ?

200. Les empires les plus puissants ont été *renversés*.

Pourquoi le participe *renversés* prend-il l'accord ?

201. On a souvent lieu de se repentir d'une menace, d'un geste *fait* dans la colère.

Pourquoi le participe *fait* ne s'accorde-t-il pas avec les deux substantifs *menace* et *geste* ?

202. Depuis cinquante ans les sciences ont *fait* plus de progrès en Europe qu'elles n'*en* avaient *fait* pendant des siècles.

Pourquoi le participe *fait* est-il invariable dans ces deux cas ?

203. Ces jeunes gens se sont *laissé* éblouir par des promesses brillantes, mais trompeuses.

Pourquoi le participe *laissé* reste-t-il invariable ?

204. De prétendus amis s'étant *emparés* de notre confiance s'*en* sont *servis* pour nous tromper.

Expliquez l'accord des participes *emparés* et *servis*.

205. L'impossibilité de faire une chose a souvent pour cause *le peu* d'attention qu'on y a *apporté*.

Pourquoi le participe *apporté* s'écrit-il au masculin singulier ?

206. Que de gens croient devoir à leur mérite les égards que leur fortune leur a *valus.*

> Pourquoi le verbe *valoir* est-il actif, et a-t-il son participe passé variable?

207. Vos amis m'ont *écrit* et je ne leur ai pas *répondu.*

> Pourquoi les participes *écrit, répondu* sont-ils invariables?

208. Les mauvaises passions ont tué beaucoup plus d'hommes que le glaive n'en a *détruit.*

> Pourquoi le participe *détruit* est-il invariable?

209. Je n'aurais pas fait cette démarche si j'avais su toutes les peines qu'elle m'a *coûtées*, et tous les désagréments qu'elle m'a *valus.*

> Pourquoi les verbes *coûter* et *valoir* sont-ils actifs, et ont-ils leur participe passé variable?

CHAPITRE XVII.

Syntaxe de l'adverbe.

(Voy. *Nouvelle grammaire*, n° 630 et suivants.)

1. La gloire d'un souverain consiste moins *dans* la grandeur de ses États que *dans* le bonheur de ses peuples.

> Pourquoi dit-on : *dans* la grandeur, *dans* le bonheur, et non pas *dedans* la grandeur, *dedans* le bonheur?

2. Une foule immense se pressait *dedans* et *dehors* l'église.

> Expliquez pourquoi les adverbes *dedans* et *dehors* admettent ici un complément.

5. Rémus sauta *par-dessus* le fossé qui formait l'enceinte de Rome.

> Pourquoi l'adverbe *dessus* prend-il ici un complément?

4. La lune tourne *autour* de la terre dans l'espace de vingt-neuf jours.

> Pourquoi dit-on *autour de la terre*, et non pas *alentour de* la terre?

5. Ne prenez aucune détermination importante *avant d'y* avoir réfléchi sérieusement.

Pourquoi dit-on *avant d'y avoir réfléchi*, et non pas *auparavant d'y avoir réfléchi?*

6. Que de siècles se sont écoulés *avant que* les hommes aient été civilisés.

Pourquoi dit-on *avant que*, et non *auparavant que?*

7. Il craint de ne pas réussir depuis qu'il sait que ses concurrents ont *plus* d'activité et travaillent *plus que* lui.

Pourquoi serait-il incorrect de dire : depuis qu'il sait que ses concurrents ont *davantage* d'activité et travaillent *davantage que* lui?

8. J'aime à vous faire plaisir, mais je m'occupe encore *davantage de* vous être utile.

Pourquoi l'adverbe *davantage* est-il suivi de la préposition *de?*

9. Il ira vous voir, mais il faut *auparavant* qu'il ait fini ses devoirs.

Pourquoi l'adverbe *auparavant* est-il suivi de *que?*

10. L'irrésolution est le défaut qui nuit *le plus* au succès de nos entreprises.

Pourquoi ne dit-on pas qui nuit *davantage* au succès, etc.?

11. Les excès détruisent la santé, et font mourir *plus tôt*.

Pourquoi *plus tôt* est-il en deux mots?

12. *Plutôt* la mort que le déshonneur !

Pourquoi *plutôt* est-il en un seul mot?

15. Le goût est une qualité *si* précieuse, et qu'on rencontre *si* rarement, qu'on ne saurait trop l'estimer.

A quels mots se joignent les adverbes *si, aussi?* (Règle 634.)

14. Il montre *tant* d'application, qu'il avance *autant* dans ses études que son frère qui a plus d'intelligence.

A quels mots se joignent les adverbes *tant, autant?* (Règle 634.)

15. Il faut tâcher de faire ses observations et ses critiques *si bien à propos* qu'on ne blesse jamais personne.

Pourquoi ne faut-il pas dire *si à propos?*

16. La Fontaine est *aussi* naïf que profond; je l'aime *autant* que je l'admire.

Quelle idée expriment les adverbes *aussi, autant?*

17. La littérature française est *si* riche, elle renferme *tant* de chefs-d'œuvre, qu'il n'est pas étonnant que les étrangers l'admirent.

Quelle idée expriment les adverbes *si, tant?*

18. Rien n'est *aussi* ou *si* dangereux qu'un imprudent ami; mieux vaudrait un sage ennemi.

Dans quel cas l'adverbe *si* peut-il être employé au lieu de l'adverbe *aussi* pour exprimer une comparaison?

19. Le riche qui n'a jamais assez est aussi indigent *que* le pauvre qui n'a pas le nécessaire.

Pourquoi ne peut-on pas employer *comme* au lieu de *que?*

20. Bien des gens qui passent pour avoir de l'esprit ne peuvent dire quatre mots *de suite* sans dire quelque sottise.

Pourquoi faut-il ici mettre *de suite*, et non *tout de suite?*

21. Travaillez *tout de suite* à détruire vos mauvaises habitudes.

Pourquoi emploie-t-on *tout de suite*, et non pas *de suite?*

22. Le négociant aventureux s'expose à éprouver *tout-à-coup* des pertes irréparables.

Pourquoi emploie-t-on *tout-à-coup*, et non pas *tout d'un coup?*

23. Job a vu ses enfants, sa santé, ses richesses lui être enlevés *tout d'un coup.*

Dites pourquoi on emploie ici *tout d'un coup*, et non *tout-à-coup.*

24. Que de malheureux ont *bien faim*, et manquent de pain !

Pourquoi dit-on *bien faim*, et non pas *très faim?*

25. Alexandre volait toujours où le danger était le plus grand ; c'était *là que* l'appelait son bouillant courage.

Pourquoi faut-il dire : c'était *là que*, et non c'était *là où?*

26. Quoique la Chine soit un pays fort anciennement civilisé, c'est *là que* les arts et les sciences ont fait le moins de progrès.

Pourquoi faut-il dire : *c'est* LÀ *que*, et non c'est *là où?*

27. Quel indigne plaisir peut avoir l'avarice ?
Et que sert d'amasser, à *moins qu'on n*'en jouisse ?

Pourquoi emploie-t-on la négation *ne?*

28. Hé ! pourrai-je empêcher, malgré ma diligence,
Que Roxane d'un coup N'assure sa vengeance.

Pourquoi le verbe *assure* est-il précédé de *ne?*

29. Avec un bon télescope, on découvre dans le ciel infiniment *plus* d'étoiles qu'on *n*'en voit à l'œil nu.

Pourquoi employez-vous la négation *ne?*

30. Je crains presque, je *crains* qu'un songe *ne* m'abuse.

Pourquoi emploie-t-on la négation *ne?*

31. L'honnête homme *n*'agit *pas autrement* qu'il parle.

Pourquoi n'emploie-t-on pas la négation *ne* après l'adverbe *autrement?*

32. *Ne craignez pas qu'on vous* blâme, ni qu'on *vous* adresse des reproches quand vous avez la conscience d'avoir rempli votre devoir.

Pourquoi n'emploie-t-on pas *ne* après le verbe *craindre?*

33. Quand vous avez fait une faute, ne *niez* pas que vous *n*'ayez mal fait, mais cherchez à obtenir votre pardon par un aveu sincère.

Pourquoi le verbe *nier* est-il suivi de la négation *ne?*

7.

54. Quelques savants doutent que les glaces *permettent* de trouver un passage au nord-ouest de l'Amérique.

Pourquoi ne fait-on pas usage de la négation *ne* après le verbe *douter?*

55. Les Chinois *ont* longtemps *défendu* que les étrangers pénétrassent dans l'intérieur de l'empire.

Pourquoi ne faut-il pas dire : ont longtemps défendu que les étrangers *ne* pénétrassent, etc.?

56. Raoul, comte d'Eu, fut décapité *sans qu'*on *observât* les formes de la procédure.

Pourquoi ne dit-on pas : sans qu'on *n'observât*, etc. ?

57. Ce jeune homme, ne travaillant *point*, ne fera aucuns progrès.

Pourquoi emploie-t-on *point* au lieu de *pas?*

58. Ne travaillant *pas* dans ce moment, il pourra vous accompagner.

Pourquoi emploie-t-on *pas* au lieu de *point?*

59. N'avez-vous *point* oublié la fable que vous aviez apprise ?

Pourquoi, dans cette phrase interrogative, emploie-t-on *point?*

40. Ne sommes-nous *pas* convenus que vous tâcheriez de vous corriger? N'avez-vous *pas* cependant commis encore la même faute?

Pourquoi, dans cette phrase interrogative, emploie-t-on *pas?*

41. Je voudrais lui accorder encore ma confiance, mais *je n'ose.*

Pourquoi, dans cette phrase, supprime-t-on *pas* et *point?*

42. Je *ne* puis vous dire combien je suis sensible à vos prévenances.

Pourquoi supprime-t-on ici *pas* et *point?*

45. On *ne* doit *jamais* oublier les bienfaits qu'on a reçus.

Pourquoi supprime-t-on *pas* et *point?*

44. L'égoïste *n*'a *ni* affection *ni* dévouement pour ses semblables.

Pourquoi supprime-t-on *pas* et *point?*

45. Je *ne* veux *que* votre amitié pour récompense.

Pourquoi supprime-t-on *pas* et *point?*

46. Alexandre avait le désir de régner *sur* la terre entière.

Pourquoi emploie-t-on *sur*, et non pas *dessus?*

47. L'homme le plus sensé est rarement celui qui parle *le plus.*

Pourquoi ne faut-il pas dire *celui qui parle* DAVANTAGE?

48. Il y a bien des gens qui *ne sont pas moins* présomptueux *qu'ils* sont incapables.

Pourquoi ne fait-on pas usage de *ne* devant le verbe qui suit *moins?*

49. Il *ne* faut *qu'*un peu de bon sens pour comprendre l'importance du travail.

Pourquoi supprime-t-on *pas* et *point?*

50. Si vous êtes vraiment repentant, *ne désespérez* jamais que Dieu *ne* vous pardonne.

Pourquoi emploie-t-on la négation *ne?*

51. Quand vous voulez entreprendre une chose importante, ayez soin *auparavant de* vous entourer de bons conseils.

Pour quelle raison l'adverbe *auparavant* peut-il se trouver ici suivi de DE?

52. On n'est jamais *aussi* ou *si* aisément trompé que lorsqu'on a trompé les autres.

Pourquoi, dans cette phrase, peut-on faire usage de *si* aussi bien que de *aussi* pour exprimer une comparaison?

53. Ne soyez pas impitoyable envers vos semblables, *de peur que* le souverain juge *ne* le soit un jour envers vous.

Pourquoi emploie-t-on la négation *ne?*

54. Je *doute* fort que vous appréciiez tout ce que vos maîtres font pour vous.

Pourquoi, dans cette phrase, le verbe *douter* n'est-il pas suivi de la négation *ne?*

55. Ne chercheriez-vous *point* à me tromper? Ce ne serait qu'aggraver vos torts.

Pourquoi employez-vous ici *point*, au lieu de *pas?*

56. *En dehors de* la ville se trouvaient les ruines d'un temple construit par les Romains.

Pourquoi *dehors* prend-il un complément?

57. En s'occupant *davantage de* ses amis, il lui eût été facile de les conserver.

Pourquoi *davantage* est-il suivi de la préposition *de?*

58. Cet enfant, très laborieux, a *bien* envie de faire des progrès.

Pourquoi dit-on : a *bien envie*, et non pas a *très envie?*

59. On ne doute pas que les animaux actuellement domestiques *n'*aient été sauvages autrefois.

Pourquoi emploie-t-on la négation *ne* devant le verbe *aient été?*

60. Il faut *n'*avoir *guère* de cœur pour n'être pas sensible à tant d'infortunes.

Pourquoi supprime-t-on *pas* et *point?*

61. Il faut aimer Dieu *par-dessus* toutes choses.

Pourquoi l'adverbe *dessus* admet-il un complément?

62. Combien de siècles se sont écoulés *avant que* les hommes aient pu revenir au goût des anciens.

Pourquoi ne faut-il pas dire avant que les hommes *n'*aient pu, etc.?

63. La justice consiste à *ne* blesser les droits de *personne.*

Pourquoi supprime-t-on *pas* et *point?*

64. Nous *ne* desespérons *pas* que Dieu *n'*éclaire les hommes, ni qu'il *ne* les remette dans la voie de l'honnêteté et de la justice.

> Pourquoi emploie-t-on la négation *ne* devant les verbes *éclairer* et *remettre?*

65. La ville ne souffrit point du siége, étant *hors de* la portée du canon.

> Pourquoi dit-on *hors* de la portée, et non pas *dehors* de la portée?

66. Je tiens à votre amitié, mais je désire *davantage que* vous me conserviez votre estime.

> Pourquoi *davantage* est-il suivi de *que?*

67. Qu'il est doux, pour un vieillard, de voir, *avant de* mourir, ses enfants et ses petits-enfants vivre *autour de* lui dans une inaltérable union.

> Pourquoi ne dites-vous pas : *auparavant* de mourir, vivre *alentour* de lui?

68. On n'est jamais *aussi* ou *si* malheureux qu'on se l'imagine.

> Pourquoi, dans cette phrase, peut-on employer *si*, de même que *aussi*, pour exprimer une comparaison ?

69. L'homme ne peut être sage *sans qu'*il lui en coûte quelque sacrifice.

> Pourquoi ne dit-on pas : *sans qu'il* NE *lui en coûte*, etc. ?

70. On est *si fort à l'aise* dans les chemins de fer qu'on n'aime guère à voyager autrement.

> Pourquoi ne faut-il pas dire : on est *si à l'aise* dans les chemins de fer, etc.?

71. A la vue de tant de merveilles que la nature étalait *autour de* moi, mon âme fut saisie d'admiration.

> Pourquoi ne dirait-on pas *alentour de moi?*

72. On *ne* saurait dire quel tort il se fait par sa vanité ridicule.

> Pourquoi peut-on supprimer ici *pas* et *point?*

73. Les pauvres sont *moins* souvent malades faute de nourriture que les riches *ne* le sont pour en prendre trop.

Pourquoi emploie-t-on la négation *ne* devant le second verbe ?

74. Si ces moissonneurs ne travaillaient *pas* aussi activement, ils retireraient à peine la moitié de la récolte avant le mauvais temps.

Pourquoi fait-on usage de *pas*, et non de *point ?*

75. L'homme sensé qui a fait des fautes craint *davantage d'*en commettre.

Pourquoi *davantage* est-il suivi de la préposition *de ?*

76. Si vous ne réussissez pas *aussi* bien, ou *si* bien que votre camarade, c'est que vous n'avez pas *autant* ou *tant* travaillé que lui.

Pourquoi dans cette phrase peut-on employer *si* et *tant* à la place de *aussi* et de *autant ?*

77. Quand on a trouvé le mot propre, la gêne du vers et de la rime *empêché* qu'on *ne* l'emploie.

Pourquoi fait-on usage de la négation *ne* devant le verbe *employer ?*

78. Cicéron n'était pas *aussi* brave qu'il était éloquent.

A quels mots se joignent les adverbes *si*, *aussi ?*

79. L'homme de bien n'est-il *pas* dédommagé par le témoignage de sa conscience des injustes jugements des hommes?

Dites pourquoi *pas* est employé ici au lieu de *point.*

80. Quand Aristide approuvait une mesure politique, c'est qu'elle était fondée *sur* les intérêts communs de la Grèce.

Pourquoi dit-on *fondée sur les intérêts*, et non pas fondée *dessus les intérêts ?*

81. Les plaisirs frivoles ne causent jamais *autant* de satisfaction qu'une étude de prédilection.

A quels mots se joignent les adverbes *tant*, *autant ?*

82. Nous voici arrivés ; c'est *ici que* nous passerons la nuit.

Pourquoi faut-il dire : *c'est* ICI QUE *nous passerons*, et non *c'est ici où nous passerons?*

83. Il *ne* faut *jamais* compter sur les autres pour ce qu'on peut faire soi-même.

Pourquoi supprime-t-on *pas* et *point?*

84. Tâchez que vos démarches soient toujours honorables afin que vous n'*ayez* jamais *peur qu'on les* surprenne.

Pourquoi ne doit-on pas mettre la négation *ne* devant le verbe qui suit *avoir peur?*

85. On les a récompensés *autant* qu'ils le méritaient.

A quels mots se joignent les adverbes *tant, autant?*

86. La conscience nous avertit en ami *avant* de nous punir en juge.

Pourquoi *avant* ne peut-il être remplacé par *auparavant?*

87. Votre camarade *n'a pas autant* de facilité que vous, mais il a plus d'ardeur, et je suis sûr qu'il *ne* réussira *pas moins* bien.

Pourquoi emploie-t-on ici *pas* plutôt que *point?*

88. Dieu *défend que nous rendions* le mal pour le mal.

Dites pourquoi vous n'employez pas la négation *ne* devant le verbe *rendre.*

89. Quelque chose que vous entrepreniez, il est utile *auparavant de* prendre conseil des personnes qui ont de l'expérience.

Pourquoi *auparavant* est-il suivi de la préposition *de?*

90. Aucun philosophe n'a montré *autant* ou *tant* de grandeur d'âme que Socrate.

Pourquoi *tant* peut-il être employé ici au lieu de *autant?*

91. Les paresseux ont toujours *extrêmement peur* de se donner de la peine.

Pourquoi dit-on *extrêmement peur*, et non pas *très peur?*

92. Songez bien que vous ne pouvez faire une action, ni dire une parole *sans que* Dieu *vous voie, sans qu'il vous entende.*

> Pourquoi ne dites-vous pas : *sans que Dieu ne vous voie, sans qu'il ne vous entende ?*

93. La taupe se creuse *sous* terre de longues galeries.

> Pourquoi ne faut-il pas dire *dessous* terre ?

94. La mort arrive toujours *plus tôt* qu'on ne l'attend.

> Pourquoi emploie-t-on *plus tôt*, et non pas *plutôt ?*

95. Il faut entreprendre *tout de suite* les choses que l'on a résolu de faire : se mettre tardivement à l'œuvre, c'est s'exposer à ne pas réussir.

> Pourquoi faut-il ici dire *tout de suite*, et non *de suite ?*

96. On *ne* trouve souvent dans les hommes *ni* les vertus, *ni* même les qualités qui font oublier leurs vices.

> Pourquoi supprime-t-on *pas* et *point ?*

97. Il règne dans ce village une malpropreté extrême *dedans* et *dehors* les maisons.

> Pourquoi les adverbes *dedans* et *dehors* admettent-ils un complément ?

98. Cet enfant *si* sage et *si* studieux fait la satisfaction de ses parents.

> A quels mots se joignent les adverbes *si* et *aussi ?*

99. Ne vous mettez jamais à la première place, à moins qu'on *ne* vous y appelle.

> Pourquoi employez-vous la négation *ne* devant le verbe *appeler ?*

100. L'homme qu'on croit le plus aimé n'a *pas deux* véritables amis.

> Pourquoi fait-on usage de *pas*, et non de *point ?*

101. Il ne dépend pas de vous d'avoir *plus* de facilité, mais il dépend de vous de faire *plus* d'efforts.

> Pourquoi ne dirait-on pas DAVANTAGE *de facilité*, DAVANTAGE *d'efforts ?*

102. Ayant agi sans réflexion, il a fini par se trouver *si fort en peine* que nous avons été forcés de venir à son aide.

Pourquoi ne serait-il pas correct de dire : il a fini par se trouver *si en peine?*

103. Son entêtement seul a empêché qu'il *n*'évitât ce malheur.

Pourquoi la négation *ne* est-elle employée ici ?

104. Ne sommes-nous *point* tous d'accord? Sachons nous faire des concessions mutuelles.

Pourquoi faut-il employer *point* plutôt que *pas?*

105. S'il continue à être si léger, je *désespère qu'*il réussisse jamais à rien.

Pourquoi n'employez-vous pas la négation *ne* après le verbe *désespérer?*

106. La perfection est le but de la vie ; c'est *là que* doivent tendre tous nos efforts.

Pourquoi faut-il dire : *c'est là que,* et non pas : *c'est là où ?*

107. Un bon écolier fait ses devoirs *de suite,* et non pas à bâtons rompus.

Pourquoi emploie-t-on *de suite,* et non pas *tout de suite?*

108. L'homme qui recherche le moins les louanges est souvent celui qui en obtient *le plus.*

Pourquoi dit-on *le plus* et non pas DAVANTAGE?

109. L'aigle, dans son vol majestueux, s'élève *par-dessus les* nuages.

Pourquoi l'adverbe *dessus* peut-il être ici suivi d'un complément?

110. Un homme franc et loyal ne parle pas *autrement qu'il* pense.

Pourquoi ne faut-il pas ici employer la négation *ne* après l'adverbe *autrement?*

111. On a fait sortir la ville de Pompéi de *dessous* les cendres accumulées au pied du Vésuve.

Pourquoi l'adverbe *dessous* admet-il ici un complément?

112. La charrue du laboureur a fait *plus* de bien que l'épée du conquérant *n*'a fait de mal.

Pourquoi la négation *ne* est-elle employée dans cette phrase?

113. Quoique vous vous croyiez obligé d'agir ainsi, il sera nécessaire *auparavant que* vous consultiez vos parents.

Pourquoi *auparavant* est-il suivi de *que*?

114. Rien n'est aussi rare *que* la modestie unie au mérite.

Pourquoi ne peut-on pas remplacer *que* par *comme*?

115. Si vous *n*'étiez *pas* si susceptible ni si impatient, on vous aimerait beaucoup plus.

Pourquoi emploie-t-on ici *pas* au lieu de *point*?

116. Quand on a extrêmement chaud il ne faut pas boire frais, alors même qu'on aurait *bien soif.*

Pourquoi dites-vous *bien soif*, et non pas TRÈS *soif*?

117. Il était *si fort en colère*, qu'il ne se possédait plus.

Pourquoi ne doit-on pas dire: *il était si en colère*, etc.?

118. Les plébéiens, frémissant *sous* le joug des patriciens, se retirèrent *hors* de la ville.

Pourquoi ne pourrait-on pas dire *dessous* le joug et *dehors de la ville*?

119. Vos fils sont *aussi* modestes qu'ils sont instruits.

Quelle idée expriment les adverbes *aussi, autant?*

120. Rester court signifie s'interrompre *tout-à-coup* au milieu d'un discours.

Pourquoi faut-il dire ici *tout-à-coup*, et non *tout d'un coup?*

121. Ne quittez pas le travail *avant que vous ayez* entièrement fini votre devoir.

Pourquoi ne faut-il pas dire *avant que vous n'ayez*?

122. De tous les auteurs français, Bossuet est celui que j'admire *le plus.*

Pourquoi ne doit-on pas dire *que j'admire* DAVANTAGE?

123. Xercès fut vaincu *plutôt* par l'habileté de Thémistocle que par les armes des Grecs.

Pourquoi *plutôt* se met-il en un mot?

124. Rien n'assure autant le repos du cœur *que* le travail de l'esprit.

Pourquoi ne pourrait-on pas remplacer *que* par *comme?*

125. Ne jugez pas sur l'apparence ; bien des gens sont au fond tout *autres* qu'ils *ne* paraissent.

Dites pourquoi vous employez la négation *ne?*

126. *Plus tôt* vous vous mettrez au travail, *plus tôt* vous aurez fini.

Pourquoi *plus tôt* est-il écrit en deux mots?

127. On *n'*accorde *rien* à celui qui demande toujours.

Pourquoi supprime-t-on *pas* et *point?*

128. Il se répand *autour des* grands une certaine crainte qui empêche la vérité de parvenir jusqu'à eux.

Pourquoi dit-on : *autour des grands,* et non pas *alentour des grands?*

129. Le jeu enlève souvent *tout d'un coup* tout l'argent qu'on avait gagné lentement et avec beaucoup de peine.

Pourquoi emploie-t-on *tout d'un coup,* et non pas *tout à coup?*

130. J'ai cherché inutilement *dessus* et *dessous* la table.

Pourquoi les adverbes *dessus* et *dessous* prennent-ils ici un complément?

131. *N'*agissez jamais *autrement* que vous conseillez aux autres d'agir.

Pourquoi l'adverbe *autrement* n'est-il pas suivi de *ne?*

132. Écrivez ce que vous avez à faire *de crainte* que vous *ne* l'oubliiez.

Pourquoi employez-vous la négation *ne?*

133. En fait d'affaires, trop de promptitude nuit souvent *plutôt* que trop de lenteur.

Pourquoi emploie-t-on *plutôt*, et non pas *plus tôt?*

134. *Tout-à-coup* le ciel s'obscurcit, les éclairs brillèrent et la foudre gronda.

Dites pourquoi on emploie *tout-à-coup*, et non pas *tout d'un coup.*

135. Ne seriez-vous *point* libre avec moi? Ne suis-je *pas* votre ami?

Pourquoi emploie-t-on *point* dans la première proposition et *pas* dans la seconde?

136. On fait toujours mieux ce qu'on fait *de suite.*

Pourquoi emploie-t-on *de suite*, et non pas *tout de suite?*

137. Vous ne *disconviendrez* pas qu'on *ne* se divertisse d'autant mieux qu'on a mieux travaillé.

Pourquoi employez-vous ici la négation *ne* devant le second verbe?

138. Une foule de gens de tous pays vont en Californie parce que c'est *là que* l'or se trouve le plus abondamment.

Pourquoi dites-vous : *c'est là que l'or se trouve*, et non pas *c'est là où l'or se trouve?*

139. Les paresseux ne sont pas *aussi* sévèrement punis qu'ils le mériteraient.

A quels mots se joignent les adverbes *si, aussi?*

140. L'homme habile prend *tout de suite* son parti dans les circonstances difficiles.

Pourquoi emploie-t-on *tout de suite*, et non pas *de suite?*

141. Quand on va au-devant du danger, on voit qu'il n'est pas toujours *aussi*, ou *si* terrible qu'il avait paru de loin.

Pour quelle raison l'adverbe *si* peut-il être employé à la place de l'adverbe *aussi?*

142. Ce que vous ne pouvez faire *tout d'un coup*, essayez de le faire peu à peu.

Pourquoi emploie-t-on *tout d'un coup*, et non pas *tout-à-coup?*

CHAPITRE XVIII.

SYNTAXE DE LA PRÉPOSITION.

(Voy. *Nouvelle grammaire*, n° 653 et suivants.)

1. Calypso courait *au travers de* la forêt sans suivre aucun chemin.

Pourquoi ne faut-il pas dire *au travers la forêt?*

2. *A travers* les obstacles un grand cœur se fait jour.

Pourquoi ne dit-on pas : *à travers des obstacles?*

3. Plus vous êtes *près du* but, plus il faut redoubler d'efforts pour l'atteindre.

Pourquoi emploie-t-on *près de*, et non *auprès de?*

4. Un ami n'est heureux qu'*auprès de* son ami.

Pourquoi emploie-t-on *auprès de*, et non pas *près de?*

5. La ville de Naples est située *vis-à-vis* du mont Vésuve.

Dans quel sens emploie-t-on *vis-à-vis?*

6. L'homme religieux est un parfait honnête homme *à l'égard* de Dieu, des hommes et de lui-même.

Pourquoi ne faut-il pas dire : *vis-à-vis* de Dieu, des hommes, etc.?

7. Je demeure *en face* l'église.

Dans quel cas *en face* peut-il ne pas être suivi de la préposition *de?*

8. Il est honteux de se mettre *hors de soi* pour quelques contrariétés.

Pourquoi la préposition *hors* est-elle suivie de la préposition *de?*

9. Il ne peut y avoir d'amitié véritable *entre* deux mauvais sujets.

Pourquoi employez-vous *entre*, et non *parmi?*

10. *Parmi* tant de flatteurs les grands n'ont souvent pas un véritable ami.
Pourquoi emploie-t-on ici la préposition *parmi?*

11. Il est bien permis de jeter la désunion *entre* ses ennemis.

Peut-on employer *entre* au lieu de *parmi?*

12. Dieu dit à la mer : Tu iras *jusque*-là, mais tu n'iras pas plus loin.
Pourquoi *jusque* s'écrit-il de cette manière?

13. Les hommes entreprirent de construire une tour qui s'élevât *jusqu'*au ciel, ou *jusques* au ciel.

Pourquoi peut-on employer *jusque* ou *jusques?*

14. *Voici* les vertus qu'on doit inspirer aux jeunes gens : Douceur envers leurs égaux, respect et soumission envers leurs supérieurs.

Pourquoi emploie-t-on ici la préposition *voici?*

15. Connaître le prix du temps et le prix de l'argent, *voilà* ce qui compose l'expérience.

Pourquoi fait-on usage de la préposition *voilà?*

16. Un bon fils défend son père *envers* et *contre* tous.
Pourquoi les deux prépositions peuvent-elles n'avoir qu'un seul et même complément?

17. *Au-delà* et *à l'opposite* de la ville se trouvait un immense lac.
Pourquoi les deux locutions prépositives *au-delà*, *à l'opposite* peuvent-elles n'avoir qu'un seul complément?

18. Pour sauver l'enfant qui se noyait, il s'est jeté *au milieu* du fleuve et s'est lancé *à travers* le courant.
Pourquoi ne faudrait-il pas dire : *il s'est lancé au milieu et à travers* le courant?

19. Il dut la vie *à* la clémence et *à* la magnanimité du vainqueur.

Pourquoi répète-t-on la préposition *à* devant chaque complément?

20. César a vaincu les Gaulois *par* son énergie et *par* sa persévérance.

Pourquoi la préposition *par* se répète-t-elle devant chaque complément?

21. On se ressent toute sa vie d'une jeunesse passée *dans* la paresse et l'oisiveté.

Pourquoi ne répète-t-on pas la préposition *dans?*

22. Le roman d'*Estelle et Némorin*, par Florian, est empreint d'une sensibilité exagérée.

Pourquoi ne dit-on pas d'*Estelle et* DE *Némorin?*

23. *Entre* vous et moi il ne peut y avoir de difficultés.

Pourquoi faut-il employer ici *entre*, et non *parmi?*

24. Aimer Dieu par-dessus toutes choses, *voilà* le premier commandement; et *voici* le second qui est semblable au premier : Aimez votre prochain comme vous-même.

Expliquez l'emploi des prépositions *voici* et *voilà*.

25. *Au travers* de ce flux de paroles, c'est à peine si l'on saisit quelques mots de bon sens.

Pourquoi ne dit-on pas *au travers* ce flux de paroles?

26. Notre-Seigneur est ressuscité d'*entre* les morts.

Pour quelle préposition *entre* est-il ici employé?

27. Sachons gagner nos ennemis *par* notre bonté et notre douceur.

Pourquoi ne répète-t-on pas la préposition *par* devant chaque complément?

28. *Parmi* toutes ses bonnes qualités, c'est sa modestie que j'apprécie surtout.

Pourquoi employez-vous ici la préposition *parmi?*

29. En sortant du berceau l'homme est déjà *près* de la tombe.

Pourquoi emploie-t-on *près de*, et non pas *auprès de?*

30. Justice et justesse, *voilà* en deux mots le code entier du cœur et de l'esprit.

Pourquoi faut-il employer *voilà* dans cette phrase, et non pas *voici?*

31. Notre devoir est *d'*aimer notre pays, *de* le servir et, s'il le faut, *de* nous sacrifier pour lui.

Pourquoi répète-t-on la préposition *de?*

32. Il faut savoir choisir résolûment *entre* le bien et le mal.

Dans quel cas emploie-t-on *entre?*

33. Un roi ne voit le peuple qu'*à travers* le prisme brillant de la cour.

Pourquoi ne faut-il pas dire *à travers du* prisme, etc.?

34. *Voici* la vie : espérer et craindre.

Pourquoi emploie-t-on *voici*, et non *voilà?*

35. Quel naturel et quelle simplicité dans la fable *du Loup et l'Agneau.*

Pourquoi ne répétez-vous pas la préposition *de* devant chacun des deux substantifs *Loup* et *Agneau?*

36. Cette troupe héroïque s'est frayé un passage *au travers* de l'armée ennemie.

Pourquoi ne faut-il pas dire *au travers l'armée?*

37. Le Var coule *entre* la France et l'Italie.

Dans quel cas emploie-t-on *entre?*

38. Philippe soumit toute la Grèce *par* la ruse et *par* la violence.

Pourquoi répète-t-on la préposition *par* devant les substantifs *ruse, violence?*

39. Les Romains avaient étendu leur immense empire *en* Europe, *en* Asie, *en* Afrique.

Pourquoi répète-t-on la préposition *en* devant chaque complément?

40. Le loup poursuit sa proie *au travers des forêts.*

Pourquoi ne faut-il pas dire *au travers les forêts?*

41. Les Égyptiens rendaient les honneurs divins *à* des chiens, *à* des chats, *à* des ognons même.

Pourquoi répète-t-on la préposition *à?*

42. *Parmi* la multitude des affaires, il ne faut jamais perdre de vue les devoirs de la charité.

Dites pourquoi on emploie ici la préposition *parmi.*

43. Daignez, Seigneur, abaisser vos regards *jusques à moi,* ou *jusqu'à moi.*

Pourquoi emploie-t-on *jusques* ou *jusque?*

44. L'obélisque de Louqsor a été dressé *vis-à-vis* des Tuileries.

Dans quel sens emploie-t-on la préposition *vis-à-vis?*

45. L'homme courageux parvient à son but *à travers* tous les obstacles.

Pourquoi ne doit-on pas dire *à travers de tous les obstacles?*

46. La haine *entre* les grands se calme rarement.

Pourquoi emploie-t-on ici la préposition *entre?*

47. Sois *à l'égard* de ton père et de ta mère tel que tu voudrais que les enfants fussent *envers* toi.

Pourquoi ne pourrait-on pas dire : *vis-à-vis de ton père et de ta mère, — vis-à-vis de toi?*

48. Celui qui passe ses premières années *dans* la volupté et la mollesse, passera les dernières *dans* le besoin et la misère.

Pourquoi ne répète-t-on pas ici la préposition *dans* devant chaque complément?

8

49. *Entre* la mort et l'infamie, quel homme de cœur pourrait hésiter.

La préposition *entre* pourrait-elle être remplacée ici par la préposition *parmi?*

50. Il faut tâcher de pouvoir chanter *avec* et *sans* accompagnement.

Dites pourquoi les deux prépositions peuvent n'avoir qu'un seul et même complément.

51. La roche Tarpéienne est *près du* Capitole.

Pourquoi emploie-t-on la préposition *près de?*

52. Les loups affamés pénètrent quelquefois *jusque* dans les villages.

Pourquoi emploie-t-on *jusque*, et non pas *jusques?*

53. Agissez *d'après* les vues de vos chefs et *conformément à* leurs intentions.

Pourquoi ne dirait-on pas : *agissez d'après et conformément aux intentions de vos chefs?*

54. Écrivez-moi à Boulogne, *près* Paris.

Dites pourquoi la préposition *près* n'est pas ici suivie de la préposition *de.*

55. Le sénat romain chassa le sophiste Carnéade, qui avait parlé avec le même talent *pour* et *contre* la justice.

Pourquoi les deux prépositions *pour* et *contre* peuvent-elles n'avoir qu'un seul complément?

56. Sainte Vierge Marie, vous êtes bénie *entre* toutes les femmes !

Pour quelle préposition est employée ici la préposition *entre?*

57. L'homme de bien vit en paix *avec* lui-même et *avec* les autres.

Pourquoi répète-t-on la préposition *avec* devant chaque complément?

58. *Parmi* tous ses travaux guerriers, Napoléon trouvait du temps pour se livrer aux soins du gouvernement.

Pourquoi emploie-t-on la préposition *parmi?*

59. Le vrai courage consiste *à* envisager le péril et *à* l'affronter de sang-froid.

Pourquoi répète-t-on la préposition *à?*

60. *Dans* Philémon et Baucis on trouve de charmants tableaux de la vie champêtre.

Pourquoi ne faut-il pas ici répéter la préposition *dans* devant chacun des deux noms propres?

61. Les fleuves descendent des montagnes, et vont se jeter dans la mer après avoir parcouru plus ou moins d'espace *à travers* les plaines.

Pourquoi ne dit-on pas *à travers des plaines?*

62. Jésus-Christ a aimé les hommes *jusqu'à* la mort.

Au lieu de *jusque* pourrait-on employer *jusques?*

63. La petite armée des Grecs se rangea sans crainte *en face de* l'innombrable armée des Perses.

Pourquoi dit-on *en face de* l'innombrable armée, et non pas *en face* l'innombrable armée?

64. Les saints intercèdent pour *nous* et en notre faveur.

Pourquoi ne diriez-vous pas *pour* et *en faveur de nous?*

65. *A l'égard* de vos ennemis eux-mêmes soyez charitable.

Pourquoi ne doit-on pas employer ici *vis-à-vis?*

66. Que je sois *près* ou *loin de* vous, je pense à vous sans cesse.

Pourquoi peut-on donner un seul complément aux locutions prépositives *près de, loin de?*

67. Je ne vous accorde votre grâce qu'*en souvenir* et *en considération* de votre bonne conduite passée.

Pourquoi ces deux locutions prépositives peuvent-elles n'avoir qu'un seul complément?

68. Le plus grand bonheur de cet enfant est d'être *auprès de* ses parents.

Pourquoi emploie-t-on la préposition *auprès de?*

69. *Voici* l'esprit et l'essence de la religion : la paix, l'indulgence et la charité.

Pourquoi emploie-t-on *voici*, et non pas *voilà?*

CHAPITRE XIX.

SYNTAXE DE LA CONJONCTION.

(Voy. *Nouvelle grammaire*, n° 667 et suivants.)

1. Il est certain que les gens qui savent peu parlent beaucoup, *et* que ceux qui savent beaucoup parlent peu.

Pourquoi emploie-t-on ici la conjonction *et?*

2. Apprenez à reconnaître la puissance de Dieu *et* à l'a-dorer dans ses œuvres.

Pourquoi emploie-t-on ici la conjonction *et?*

3. On ne supposait pas que les Anglais eussent pris la ville, *ni* même qu'ils l'eussent attaquée.

Pourquoi emploie-t-on ici la conjonction *ni?*

4. Cet enfant n'a jamais causé à ses parents de chagrin *ni* de mécontentement.

Pourquoi emploie-t-on ici la conjonction *ni?*

5. Il n'y a *ni* vertu sans religion, *ni* bonheur sans vertu.

Pourquoi répète-t-on la conjonction *ni* au lieu d'employer *pas* ou *point?*

6. Malheureux celui qui peut vivre *sans* aimer et *sans* être aimé.

Pourquoi ne faut-il pas dire sans *aimer ni sans être aimé?*

7. *Autant* la pitié est douce quand elle vient à nous, *autant* elle est amère quand il faut l'implorer.

Pourquoi ne faut-il pas unir ces deux membres de phrase par la conjonction *et?*

8. On doit juger les hommes non *par ce qu*'ils disent, mais *par ce qu*'ils font.

Pourquoi *par ce que* est-il écrit en trois mots?

9. L'homme craint de se voir tel qu'il est, *parce qu*'il n'est pas ce qu'il devrait être.

Pour quel motif *parce que* s'écrit-il ici en deux mots seulement?

10. *Quoique* vous ayez bien commencé, vous finirez mal si vous ne persévérez pas.

Pourquoi doit-on ici écrire *quoique* en un seul mot?

11. *Quoi que* l'on dise et *quoi que* l'on fasse, un ânon ne deviendra jamais qu'un âne.

Dites pour quelle raison *quoi que* s'écrit en deux mots dans cette phrase.

12. Il faut savoir être fidèle à son devoir *quand* même il devrait nous en coûter la vie.

Pourquoi *quand* doit-il être écrit de la sorte?

13. *Quant* à ce qui est permis, nous devons tout faire pour nos amis; mais *quant* à ce qui blesse la conscience, aucune considération ne doit nous déterminer à le faire.

Pourquoi doit-on écrire *quant* de cette manière?

14. *Pendant que* le laboureur se repose, la Providence fait croître ses moissons.

Pourquoi ne doit-on pas dire *durant que?*

15. Pline l'Ancien ne lut jamais rien *sans* prendre de notes *et sans* faire d'extraits.

Pourquoi ne doit-on pas dire *sans prendre de notes* NI *sans faire* d'extraits?

16. Jugez de sa charité *par ce qu*'il a fait de bien à cette seule famille.

Pourquoi *par ce que* est-il écrit en trois mots?

17. Dans les circonstances graves, ne faites rien avec précipitation *ni* à la légère.

Pourquoi emploie-t-on la conjonction *ni?*

18. Il est d'un esprit faible et lâche de renoncer à un travail, *parce qu*'il fatigue et qu'il ennuie.

Pourquoi ne doit-on pas dire *à cause que?*

19. Je ne regarde comme un véritable ami que celui qui ne délaisse pas son ami dans le malheur, *ni* ne le courtise pas dans la prospérité.

Pourquoi emploie-t-on la conjonction *ni?*

20. Socrate souffrit la mort sans faiblesse *ni* ostentation.

> Pourquoi ne faut-il pas dire sans faiblesse *ni sans* ostentation ?

21. *Quoi que* vous fassiez, ne vous attendez jamais à obtenir l'approbation de tout le monde.

Pourquoi écrit-on ici *quoi que* en deux mots ?

22. Il y a des vérités qui sont la source des plus grands désordres, *parce qu*'elles remuent toutes les passions.

Pourquoi écrivez-vous ici *parce que* en deux mots ?

23. *Bien qu*'on ait échoué plusieurs fois, on ne doit pas se décourager.

Pourquoi ne pourrait-on pas dire *malgré que?*

24. En perdant ainsi votre temps, vous ne montrez pas de sagesse *ni* de prévoyance.

Pourquoi emploie-t-on la conjonction *ni?*

25. Les animaux exercent toute leur vie la même industrie sans rien inventer *ni* rien perfectionner.

> Ne pourrait-on pas dire également : *et sans* rien perfectionner ?

26. J'ai vu avec peine *par ce qu'il* m'a objecté qu'il ne mettrait aucun zèle à cette bonne œuvre.

Dites pour quelle raison *par ce que* est écrit en trois mots.

27. *Pendant que* l'enfant dort, sa mère veille sur son berceau.

Pourquoi ne faudrait-il pas dire *durant que?*

28. L'Évangile ne nous permet pas de nous approprier le bien d'autrui *ni* même de le désirer.

Pourquoi employez-vous la conjonction *ni?*

29. La science de la vie consiste à discerner ce qu'il faut faire *et* ce qu'il faut éviter.

Pourquoi fait-on ici usage de la conjonction *et?*

30. Tâchez de n'être *ni* négligent *ni* minutieux.

Pourquoi, au lieu d'employer *pas* ou *point*, répète-t-on la conjonction *ni?*

31. Je ne pense pas que la fortune rende l'homme meilleur, *ni* qu'elle soit indispensable pour le rendre heureux.

Pourquoi emploie-t-on la conjonction *ni?*

32. *Quoique* je vous aime, je ne céderai jamais à vos demandes si elles sont déraisonnables.

Pourquoi écrit-on *quoique* en un mot?

33. Bayard vécut et mourut *sans* peur *et sans* reproche.

Pourquoi ne pourrait-on pas dire : SANS *peur* NI SANS reproche?

34. *Quoi que* possède l'avare, il ne dit jamais : C'est assez.

Pour quel motif *quoi que* est-il écrit en deux mots?

35. Rappelez-vous en toutes choses cette maxime : *Mieux* on commence, *mieux* on finit.

Pourquoi ces deux membres de phrase ne sont-ils pas unis par la conjonction *et :* mieux on commence, *et* mieux on finit?

36. *Quant* à moi, je suis prêt à tout pour vous obliger.

Pour quelle raison faut-il écrire ici *quant*, et non pas *quand?*

37. Il est rare de compatir au malheur *sans* l'avoir connu *ni* l'avoir éprouvé soi-même.

Pourquoi dirait-on également bien : *et sans* l'avoir éprouvé soi-même?

38. Nos parents nous ont comblés de bienfaits, *quoique* nous ayons été bien souvent ingrats envers eux.

Pour quelle raison *quoique* est-il écrit en un seul mot?

39. *Moins* vous ferez pour autrui, *moins* on fera pour vous.

Pourquoi ne doit-on pas unir les deux membres de phrase par la conjonction *et?*

40. *Avant que* vous mettiez la main à l'œuvre, implorez l'assistance du Très-Haut.

Pourquoi ne doit-on pas dire *devant que vous mettiez?*

41. Il n'a fait son devoir *ni* exactement *ni* promptement.

Pourquoi supprime-t-on *pas* et répète-t-on la conjonction *ni?*

42. Nous devons obéir aux lois de notre pays, *quoi qu'*il puisse nous en coûter.

Pourquoi *quoi que* est-il écrit en deux mots?

43. Le temps est la chose qui est la plus précieuse *et* qu'on économise le moins.

Pourquoi emploie-t-on *et?*

44. Faites attention à vos paroles, car c'est *par ce que* vous dites que l'on peut juger de ce que vous pensez.

Pourquoi *par ce que* est-il écrit en trois mots?

45. *Plus* on fait le bien, *plus* on aime à le faire.

Expliquez pour quelle raison il ne faut pas unir ces deux membres de phrase par la conjonction *et.*

46. Il ne convient jamais qu'il soit en faute, *ni* qu'il ait pu se tromper.

Pourquoi emploie-t-on la conjonction *ni?*

47. Cet enfant est si léger, que je ne puis compter sur lui, *quoiqu'il* m'ait fait les plus belles promesses.

Pourquoi *quoique* s'écrit-il ici en un seul mot?

48. Les discours de cet étourdi n'ont *ni* rime *ni* raison.

Pourquoi répète-t-on ici la conjonction *ni?*

49. Luttez assidûment *et* courageusement contre vos mauvaises habitudes.

Pourquoi emploie-t-on ici la conjonction *et?*

50. Le cœur est joyeux, *quand* la conscience est tranquille.

Pourquoi *quand* s'écrit-il ainsi?

51. Le vrai sage attend la mort *sans* la désirer *ni* la craindre.

Pourquoi emploie-t-on la conjonction *ni* dans cette phrase ?

52. Témoignez toujours à vos parents du respect *et* de la tendresse ; ne vous montrez jamais irrévérencieux *ni* indifférent à leur égard.

Pourquoi emploie-t-on *et* dans la première proposition, et *ni* dans la seconde?

CHAPITRE XX.

SYNTAXE DES INTERJECTIONS.

(Voy. *Nouvelle grammaire*, n° 679 et suivants.)

1. *Ah !* qu'il est doux de faire des heureux !

Pourquoi *ah!* doit-il être écrit ici de cette manière?

2. *Ha !* vous avez déjà fini votre tâche !

Pourquoi *ha !* doit-il être ici écrit de cette manière?

3. *Oh!* que la vérité se peut difficilement cacher !

Pourquoi, dans cette phrase, *oh!* est-il écrit ainsi ?

4. *Ho !* n'entendez-vous pas qu'on vous appelle?

Pourquoi ici *ho !* doit-il être écrit de cette manière ?

5. *O* Dieu, sauvez-nous, nous périssons !

Pourquoi, dans cette phrase, l'interjection est-elle exprimée par *ô?*

6. *Eh!* quelles angoisses n'éprouve pas une mère, quand son fils ne répond pas à sa tendresse!

Pourquoi, dans cette phrase, l'interjection *eh!* est-elle écrite ainsi?

7. *Hé!* venez donc plus vite quand je vous appelle!

Pourquoi, dans cette phrase, *hé!* est-il écrit de cette manière?

8.   . . . . . *Eh!* madame, de grâce,
      A quoi bon maintenant toute cette grimace.

Pourquoi, dans cette phrase, *eh!* est-il écrit ainsi?

9. *Eh!* qu'un orphelin est à plaindre!

Pourquoi *eh!* est-il écrit ainsi?

10. *Hé!* que dis-tu?

Pourquoi, ici, *hé!* doit-il être écrit de cette manière?

11. *Ha! ha!* vous avez déjà fait vos devoirs.

Pourquoi, dans cette phrase, *ha!* s'écrit-il ainsi?

12. *Oh!* qu'il me coûte de vous tenir ce langage sévère!

Pourquoi, dans cette phrase, *oh!* est-il écrit de cette manière?

13. *Oh!* que les grands parleurs sont par moi détestés!

Pourquoi, dans cette phrase, *oh!* est-il écrit ainsi?

14. *Ah!* c'est ainsi que vous répondez à mes bontés pour vous!

Pourquoi *ah!* est-il écrit de cette manière?

15. *Ha!* je ne vous savais pas ici.

Pourquoi, dans cette phrase, l'interjection est-elle exprimée par *ha?*

16. *Ho!* venez que je vous dise un mot.

Pourquoi *ho!* est-il écrit de cette manière?

17. *Ô* lieux chéris de mon enfance; *ô* toit de mon père, *ô* temple du hameau, je vous quitte...!

Pourquoi l'interjection *ô* est-elle écrite ainsi?

18. *Ah!* quelle joie de pouvoir secourir les malheureux!

Pourquoi *ah!* doit-il être écrit de cette manière ?

19. *Hé!* accourez donc, qu'on vous parle.

Pourquoi, dans cette phrase, *hé!* doit-il être écrit ainsi ?

20. *O* Dieu puissant et miséricordieux ; *ô* vous qui êtes notre père, exaucez nos humbles prières !

Pourquoi, dans cette phrase, *ô* doit-il être écrit de cette manière ?

CHAPITRE XXI.

DES FIGURES DE SYNTAXE.

(Voy. *Nouvelle grammaire*, n° 679 et suivants.)

1. Les Romains ont dû leur influence à la puissance de leurs armes, les Grecs, à l'éclat de leur civilisation.

Quelle figure y a-t-il dans cette phrase?

2. Il est certain qu'il a tenu ce langage, car *je l'ai entendu de mes propres oreilles.*

Quelle est la figure qui se trouve dans cette phrase?

3. En l'an mil après J.-C., l'Europe *a été inondée de calamités* de toute espèce.

Pourquoi ne dirait-on pas : *a été inondée d'un grand nombre de calamités?*

4. Étéocle et Polynice *se sont entretués* sous les murs de Thèbes.

Pourquoi ne faut-il pas dire : *se sont entretués mutuellement?*

5. Les forfaits de la famille des Atrides ont fait le sujet d'un grand nombre de tragédies.

Pourquoi ne dira-t-on pas : *les forfaits coupables, criminels, etc.?*

6. Le saint vieillard Éléazar aima mieux marcher au

supplice que de rendre, même en apparence, hommage aux faux dieux.

> Pourquoi ne faut-il pas dire : *aima mieux marcher au supplice plutôt que de*, etc.?

7. Dans toute entreprise, il est possible qu'une faute ait d'heureux résultats, mais ce n'en est pas moins une faute.

> Pourquoi ne dirait-on pas : *il est possible qu'une faute puisse avoir d'heureux résultats?*

8. Les corps *descendent* d'autant plus vite qu'ils ont plus de poids sous un même volume.

> Pourquoi ne dirait-on pas : *descendent en bas?*

9. L'aérostat, mis en liberté, *monta* rapidement.

> Pourquoi ne dirait-on pas : *monta en haut* rapidement?

10. Quand vous aurez visité le premier étage de cette maison, vous *monterez en haut*, puis vous *redescendrez en bas.*

> Pourquoi peut-on, ici, employer les expressions : *monter en haut, descendre en bas?*

11. Quand une fois on a trouvé le moyen d'exciter les passions de la *multiude, elle* obéit en aveugle, jusqu'à ce qu'ils reconnaissent qu'on *les* a trompés.

> Quel nom donne-t-on à la figure qui se trouve dans cette phrase?

12. *Un petit nombre* de *joueurs s'enrichissent;* les autres se ruinent en peu de temps.

> Pourquoi *s'enrichissent* est-il au pluriel, son sujet grammatical *nombre* étant du singulier?

13. Du sommet des montagnes se précipitent souvent de terribles avalanches.

> Quelle est la figure employée dans cette phrase?

14.   Je l'ai vu, dis-je, *vu, de mes propres yeux vu,*
> > *Ce qu'on appelle vu.*

> Quelle est la figure employée dans cette phrase?

15. François Ier et Henri VIII *se sont entrevus* au Camp du drap d'or.

Pourquoi ne dirait-on pas : *se sont entrevus mutuellement?*

16. Que *m*'importent, *à moi*, des palais et de vastes domaines, disait un philosophe grec ; je porte tous mes biens avec moi.

Quelle est la figure employée dans cette phrase ?

17. Il est à présumer que les Gaulois, mieux disciplinés, auraient pu repousser les Romains.

Pourquoi ne faudrait-il pas dire : *Peut-être* les Gaulois mieux disciplinés *auraient pu* repousser les Romains ?

18. Ceux qui *accablent de coups* les animaux mériteraient d'être punis sévèrement.

Pourquoi ne faut-il pas dire : *qui accablent de mille coups?*

19. Aussitôt apparut, les mains pleines de bienfaits, cet apôtre de la charité, cet ami de l'humanité, Vincent de Paul.

Quelle est la figure employée dans la phrase qui précède?

20. Le hibou fuit la lumière du jour, et le méchant, celle de la vérité.

Quelle est la figure employée dans cette phrase ?

21. Au pont du Garigliano, Bayard soutint, *sans reculer*, l'attaque de deux cents Espagnols.

Pourquoi ne dirait-on pas : *sans reculer en arrière?*

22. *Qu'il* faut être *courageux* et *résigné* pour supporter *tant* d'épreuves avec une si admirable patience !

Pourquoi ne dirait-on pas : *Qu'il faut être bien courageux et bien résigné pour supporter tant de nombreuses épreuves, etc.?*

23. Les hirondelles et les cailles nous arrivent au printemps, les canards sauvages et les corbeaux, à l'automne.

Quelle est la figure employée dans cette phrase ?

24. Nous devons aimer notre prochain comme nous-mêmes, *car* Notre-Seigneur nous en a fait un commandement exprès.

Pourquoi ne faut-il pas dire : *car en effet Notre-Seigneur*, etc.?

25. Restait cette redoutáble infanterie de l'armée d'Espagne.

Quelle figure y a-t-il dans cette phrase ?

26. Le feu éprouve l'or, et l'adversité, l'homme courageux.

Quelle est la figure employée dans cette phrase ?

27. Il *me* faut, *à moi*, de meilleures preuves de votre repentir que de vaines protestations.

Comment s'appelle la figure que forme dans cette phrase l'emploi des pronoms *me*, *moi?*

28. Je pense, *donc* je suis.
Pourquoi ne faut-il pas dire : *ainsi donc je suis?*

29. Où se trouvaient des coteaux riches et verdoyants, apparaissent maintenant des plantations bouleversées et des cavernes hideuses.

Quelle est la figure employée dans cette phrase ?

30. Un tumulte s'éleva au sein de l'assemblée.
Pourquoi ne faut-il pas dire : *un bruyant tumulte?*

31. Les giboulées sont des *averses* fréquentes durant lesquelles le soleil ne cesse pas de briller.

Pourquoi ne faut-il pas dire : *des averses de pluie?*

32. N'est-il pas étrange qu'*une foule de gens soient indifférents* aux beautés de la nature.

Pourquoi *soient* et *indifférents* sont-ils au pluriel, quoique se rapportant grammaticalement à un substantif singulier ?

33. Je voudrais bien *lui* dire, *à lui-même*, combien j'ai été touché de ses bons procédés.

Comment appelle-t-on la figure qui se trouve dans cette phrase ?

34. Calme au milieu des tourments, le saint martyr priait pour ses bourreaux.

Quelle est la figure employée dans cette phrase ?

35. Ses parents n'ont qu'à lui dire un mot pour qu'il obéisse à l'instant même.

Pourquoi ne faut-il pas : *n'ont seulement qu'à lui dire*, etc. ?

36. Soutenir, comme de prétendus esprits forts, qu'il ne faut rien admettre qu'on n'ait vu *de ses yeux*, entendu *de ses oreilles* ou touché *de ses mains*, c'est tout simplement faire preuve de l'esprit le plus faible et le plus inepte.

Comment s'appelle la figure employée dans cette phrase?

37. O nuit désastreuse où tout-à-coup *retentit* comme un éclat de tonnerre, cette étonnante nouvelle : Madame se meurt!

Qu'est-ce qui constitue l'*inversion* qui se trouve dans la phrase qui précède ?

CHAPITRE XXII.

OBSERVATIONS PARTICULIÈRES.

(Voy. *Nouvelle grammaire*, n° 694 et suivants.)

1. Quand ce fut *à* César *à* parler, il s'efforça d'appeler sur Catilina l'indulgence du sénat.

Pourquoi dit-on : *ce fut* À *César* À, et non *ce fut* À *César* DE?

2. C'est à vous *d'ordonner*, c'est à moi *d'obéir*.

Pourquoi ne faut-il pas dire : *c'est* À *vous* À, *c'est* À *moi* À?

3. Jean Bart avec deux *ou* trois vaisseaux s'empara de toute une flottille hollandaise.

Pourquoi ne faut-il pas dire : avec *deux à trois* vaisseaux?

4. Le voyage de Paris à Londres ne dure plus à présent que douze *à* treize heures.

L'emploi de *à*, dans cette phrase, est-il correct ?

5. On dit que Scipion *aidait Térence* de ses conseils.

Pourquoi faut-il dire : *aidait Térence*, et non pas *aidait à Térence* ?

6. L'homme a su contraindre les animaux à *lui aider* dans ses travaux.

Pourquoi faut-il dire : *à lui aider*, et non pas *à l'aider* ?

7. Il est rare qu'une personne sotte ait l'*air spirituel*, de même qu'on ne voit guère une personne spirituelle avoir l'*air sot*.

Pourquoi ne faut-il pas dire: l'*air spirituelle,* l'*air sotte* ?

8. Ces plaines ont l'*air d'être bien cultivées*.

Pourquoi ne faut-il pas dire: ont *l'air bien cultivé* ?

9. Les rois *anoblissaient* souvent ceux qui s'étaient distingués par une action remarquable.

Pourquoi ne faut-il pas dire *ennoblissaient* ?

10. François Ier *ennoblit* son règne par la protection qu'il accorda aux lettres et aux arts.

Pourquoi ne peut-on pas remplacer *ennoblit* par *anoblit* ?

11. L'*armistice* ayant été dénoncé, les hostilités recommencèrent.

Quelle différence y a-t-il entre *armistice* et *amnistie* ?

12. Il est rare que ceux qui profitent d'une *amnistie* en soient reconnaissants.

Pourquoi faut-il employer *amnistie*, et non *armistice* ?

13. Un ange *assura à Sarah* qu'elle aurait un fils.

Pourquoi serait-il incorrect de dire: *assura Sarah* ?

14. Haroun-al-Raschid envoya des présents à Charlemagne pour l'*assurer* de son estime.

Pourquoi ne faut-il pas dire: *pour lui assurer* ?

15. Il y a dans les ouvrages de Racine une perfection *à laquelle* les modernes n'ont pu atteindre.

Pourquoi *atteindre* a-t-il un complément indirect ?

16. David *atteignit* Goliath au front.

Pourquoi *atteindre* a-t-il ici un complément direct ?

17. Personne n'a *atteint Molière* dans la comédie.

Pourquoi *atteindre* prend-il un complément direct?

18. Fontenelle *atteignit* presque *l'âge* de cent ans.

Pourquoi donne-t-on à *atteignit* un complément direct?

19. Si nous trouvons injuste que les autres nous trompent, il n'est pas juste *non plus* que nous les trompions.

Pourquoi faut-il employer *non plus*, et non *aussi?*

20. *Avant de* livrer, ou *avant que de* livrer bataille, les généraux romains consultaient les augures.

Emploie-t-on indifféremment *avant de* et *avant que de?*

21. *A moins d'*être, ou *à moins que d'*être tout à fait dépourvu d'intelligence, on comprend facilement les premiers éléments de l'arithmétique.

Dit-on indifféremment : *à moins d'être* et *à moins que d'être*, etc. ?

22. (Que) quiconque est loup agisse en loup,
        C'est le plus certain *de beaucoup.*

Pourquoi faut-il faire précéder *beaucoup* de la préposition *de?*

23. Les espèces carnassières sont *beaucoup* moins répandues que les espèces herbivores.

Pourquoi *beaucoup* n'est-il pas précédé de la préposition *de?*

24. Milon *allait à la campagne* quand il fut assailli par Clodius.

Pourquoi ne faut-il pas dire : allait *en campagne?*

25. Pas un réal chez moi...
        Pour équiper ma troupe et la mettre *en campagne.*

Pourquoi faut-il *en campagne*, et non *à la campagne?*

26. Nos vaisseaux de guerre sont *capables* de contenir six à sept cents hommes.

Expliquez la différence entre *capable* et *susceptible.*

27. Cicéron fait observer que César eût été aussi *capable* de briller comme orateur que comme guerrier.

Expliquez pourquoi on emploie *capable*, et non pas *susceptible?*

28. L'air est *susceptible* de s'enflammer par une pression forte et subite.

Expliquez pourquoi on emploie *susceptible*, et non pas *capable.*

29. Les gens *susceptibles* n'entendent pas raison sur leurs moindres défauts.

Dans quel cas emploie-t-on l'adjectif *susceptible* en parlant des personnes?

30. Nous avons retrouvé le secret que possédaient nos pères pour *colorer* le verre.

Dites pourquoi on emploie *colorer*, et non *colorier.*

31. Parmi nos peintres, il en est très peu qui *colorient* d'une manière naturelle.

Pourquoi faut-il *colorient*, et non *colorent?*

32. Le Nil *commence* A monter vers le solstice d'été.

Pourquoi emploie-t-on la préposition *à* après *commencer?*

33. Aussitôt que Noé fut entré dans l'arche, la pluie *commença* DE tomber.

Pourquoi fait-on usage de la préposition *de* après *commencer?*

34. Ésope *compare* la critique injuste *à* un serpent qui veut ronger une lime.

Pourquoi *comparer* prend-il la préposition *à?*

35. Si l'on *compare* les noirs *avec* les blancs, on trouve du côté de ceux-ci une grande supériorité d'intelligence.

Pourquoi *comparer* prend-il la préposition *avec?*

36. Néron lui-même alluma l'incendie qui *consuma* une partie de Rome.

Pourquoi emploie-t-on le verbe *consumer?*

37. Les Turcs *consomment* beaucoup d'opium.

Pourquoi emploie-t-on le verbe *consommer?*

38. Charles IX mourut jeune, *consumé* par le remords.
Pourquoi ne faut-il pas dire *consommé?*

39. La reine Blanche disait qu'elle aimerait mieux *voir* son fils mort *que de* le *voir* commettre un péché mortel.
Pourquoi emploie-t-on *de* devant le second infinitif?

40. Du temps des condottieri, on vit des batailles sans qu'il y eût *un* seul homme *de tué*, ou *tué*.
Pourquoi peut-on énoncer ou sous-entendre ici la préposition *de?*

41. Qui rend les plus grands services à son pays, *du* conquérant ou *du* législateur, ou bien *le* conquérant ou *le* législateur?
Expliquez pourquoi on peut, dans ce cas, employer ou supprimer la préposition *de*.

42. Il y a des gens si pauvres qu'ils *déjeunent* et *dînent de* pain sec.
Dans quel cas *dîner, déjeuner* prennent-ils *de?*

43. Beaucoup de personnes mangent à peine si elles n'ont pas quelqu'un pour *dîner avec* elles.
Dans quel cas *dîner, déjeuner* prennent-ils *avec?*

44. A force de diminuer la quantité d'aliments qu'il lui fallait journellement, un noble vénitien était parvenu à *déjeuner* et à *dîner* d'un jaune d'œuf.
Pourquoi ne faut-il pas dire *avec un jaune d'œuf?*

45. Les grands hommes sont rares, on n'en trouve que *de loin en loin* dans l'histoire.
Pourrait-on dire également bien *de loin à loin?*

46. Je suis arrivé depuis *hier matin*, et je repartirai *demain soir*.
Pourrait-on dire: *hier au matin, demain au soir?*

47. Il est assez difficile de décider si l'action de Brutus est *digne* d'éloges ou de blâme.
Expliquez pourquoi *digne* est bien employé.

48. Le sage Phocion n'*avait* pas *mérité* les mauvais traitements qu'on lui fit subir.

> Pourquoi ne faut-il pas était *indigne*, n'était *pas digne* des mauvais traitements, etc.?

49. Boileau peint un repas ridicule où les convives finissent par *disputer* et se battre.

> Pourquoi ne faut-il pas dire : finissent par SE *disputer?*

50. Les loirs restent sans manger *durant* la mauvaise saison.

> Pourquoi emploie-t-on *durant,* et non pas *pendant?*

51. Judith tua Holopherne *pendant* son sommeil.

> Pourquoi dit-on *pendant,* et non *durant?*

52. Saint Louis, malade, se croyant dans un danger *éminent,* fit vœu, s'il réchappait, d'aller en Palestine.

> Pourquoi faut-il dire *un* danger *éminent,* et non *imminent?*

53. Les vaisseaux se trouvent dans un péril *imminent* quand ils approchent trop du gouffre de Maelstrom.

> Pourquoi dit-on ici un péril *imminent,* et non *éminent?*

54. Napoléon *empruntait de* son génie l'empire qu'il avait sur tous ceux qui l'approchaient.

> Pourquoi *emprunter* ne prend-il dans cette phrase que la préposition *de?*

55. Corneille a emprunté *aux* Espagnols, ou *des* Espagnols le sujet du *Cid.*

> Pourquoi *emprunter* prend-il également bien les prépositions *à, de?*

56. Ce qui nous plaît le plus devient *ennuyant* si nous le faisons trop longtemps de suite.

> Pourquoi emploie-t-on *ennuyant,* et non pas *ennuyeux?*

57. Y a-t-il rien d'*ennuyeux* comme les sots qui veulent faire de l'esprit.

> Pourquoi emploie-t-on *ennuyeux,* et non pas *ennuyant?*

58. Quand on entend bien *la raillerie*, on ne blesse pas ceux qu'on raille.

Pourquoi dit-on ici *entendre* la *raillerie*, et non pas *entendre raillerie?*

59. *Entendre raillerie* sur ses défauts est la preuve d'un bon caractère.

Pourquoi dit-on *entendre raillerie*, et non pas *entendre la raillerie ?*

60. On *portait envie* à Aristide à cause de la renommée de justice qu'il s'était acquise.

Pourquoi emploie-t-on ici *porter envie*, et non pas *envier?*

61. Philippe le Bel *enviait* les richesses des templiers.

Pourquoi dit-on *enviait les richesses*, et non pas *portait envie aux richesses?*

62. Les mécontents disaient que le sénat avait tout : le pouvoir, les trésors, l'honneur.

Pourquoi ne dit-on pas *et l'honneur?* (Règle 725.)

63. La clémence, *la magnanimité* des vainqueurs égala leur ardeur pendant le combat.

Pourquoi ne faut-il pas dire : *la clémence et la magnanimité?*

64. Henri II *alla* nu-pieds au tombeau de Thomas Becket.

Pourquoi ne doit-on pas dire : Henri II *fut* nu-pieds, etc.?

65. Beaucoup de seigneurs *ont été* en Palestine pour expier des fautes qu'ils avaient commises.

Pourquoi dit-on *ont été*, et non pas *sont allés?*

66. Caton d'Utique se tua pour *s'épargner* la douleur d'être prisonnier de César.

Pourquoi ne dit-on pas pour *s'éviter* la douleur?

67. Il y a des gens qui ne croient que ce qu'on peut leur prouver aussi positivement que deux et deux *font* quatre.

Pourquoi ne faut-il pas dire : *sont quatre?*

68. Les gens véritablement charitables cachent leurs bienfaits avec autant de soin qu'ils *cacheraient* des fautes.

Pourquoi ne faut-il pas dire : avec autant de soin qu'*ils feraient* des fautes?

69. Il *les* fit venir près de son lit et *leur* fit faire le serment de rester toujours unis.

Pourquoi *faire* veut-il un complément direct dans la première proposition, et un complément indirect dans la seconde?

70. La Fontaine, dans ses apologues, fait parler les animaux; il *leur fait jouer* un rôle conforme à leur caractère.

Pourquoi ne doit-on pas dire : il *les fait jouer* un rôle, etc. ?

71. Que d'hommes *on a fait mourir* sur de fausses accusations!

Pourquoi ne dirait-on pas *ont été faits mourir* sur de fausses accusations?

72. Caton *ne faisait que* répéter : Il faut détruire Carthage.

Pourquoi ne faut-il pas dire : *ne faisait que* DE *répéter?*

73. Guillaume le Conquérant *ne faisait que de* mourir, quand ses sujets se révoltèrent.

Pourquoi ne faut-il pas dire : *ne faisait que* mourir?

74. On ne peut *regarder* fixement le soleil sans être ébloui.

Pourquoi ne doit-on pas dire : On ne peut *fixer* le soleil, etc. ?

75. Le lion ne cherche pas sa proie en *flairant*, comme le chien; il ne chasse qu'avec les yeux.

Pourquoi ne dit-on pas *en fleurant*, etc.?

76. Archimède *imagina* de brûler la flotte romaine avec des miroirs ardents.

Pourquoi ne faut-il pas *s'imagina?*

77. Alexandre *s'imaginait* être le fils de Jupiter.

Pourquoi ne faut-il pas dire : Alexandre *imaginait*, etc. ?

78. Les maîtres d'écriture donnent à leurs élèves des *exemples à imiter*.

Pourquoi doit-on employer le verbe *imiter?*

79. J'ai trop aimé la guerre, disait Louis **XIV** mourant à son petit-fils, ne *suivez* point en cela *mon exemple*.

Pourquoi ne faut-il pas : *n'imitez pas mon exemple?*

80. La vérité a un accent qui *impose* et la fait distinguer du mensonge.

Pourquoi dit-on *qui impose*, et non *qui en impose?*

81. Louis XI *en imposait* à ses ennemis par des serments qu'il ne tenait jamais.

Pourquoi dit-on *en imposait*, et non pas *imposait?*

82. Les marais Pontins *infectent* l'air, et répandent la fièvre dans toute la campagne de Rome.

Dans quel cas doit-on employer le verbe *infecter?*

83. Périclès mourut de la peste qui *infectait* Athènes à cette époque.

Quand emploie-t-on le verbe *infecter?*

84. On appelait flibustiers des pirates qui *infestaient* les rivages de l'Amérique.

Dans quelle circonstance emploie-t-on le verbe *infester?*

85. C'est *insulter* à la Divinité que de lui offrir des sacrifices humains.

Pourquoi le verbe *insulter* prend-il pour complément la préposition *à?*

86. Thersite fut tué par Achille qu'il *avait insulté*.

Pourquoi *insulter* a-t-il un complément direct?

87. Après dix ans de guerre, César *joignit* la Gaule à l'empire romain.

Pourquoi *joindre* prend-il la préposition *à?*

88. Michel-Ange *joignait* le talent de peintre et d'architecte *à* celui, ou *avec* celui de sculpteur.

Pourquoi le verbe *joindre* prend-il ici la préposition *à* ou *avec?*

89. Les animaux deviennent bientôt malades, quand ils ne sont pas *soignés* comme ils devraient *l'être.*

Pourquoi ne dirait-on pas : quand on ne les *soigne* pas comme ils devraient *l'être?*

90. Pour être élu pape, Sixte-Quint se fit plus vieux qu'il ne L'*était.*

Pourquoi serait-il moins bien de dire : *plus vieux qu'il n'était?*

91. Christophe Colomb ne fut pas récompensé comme il LE *méritait.*

Pourquoi serait-il moins bien de dire : ne fut pas récompensé comme *il méritait?*

92. On *lit* tous les jours *dans* les journaux des récits d'événements qui ne sont jamais arrivés.

Pourquoi ne faut-il pas dire : on *lit* tous les jours *sur* les journaux, etc.?

93. Un alchimiste découvrit la poudre en *mêlant* par hasard du soufre *avec* du salpêtre et du charbon.

Pourquoi le verbe *mêler* prend-il la préposition *avec?*

94. Boileau reproche au Tasse de *mêler* continuellement le profane *au* sacré.

Pourquoi le verbe *mêler* prend-il la préposition *à?*

95. Molière *faisait observer* à ses acteurs que l'art doit toujours tendre à imiter la nature.

Pourquoi ne faut-il pas dire : Molière *observait à* ses acteurs que l'art, etc.?

96. La plus grande partie de l'Afrique *n'a été que peu* explorée ou *ne l'a point été.*

Pourquoi ne dirait-on pas : *n'a été que peu ou point explorée?*

97. L'imprimerie fut inventée à la même époque *que*

l'Amérique, ou bien *à la même* époque *où* l'Amérique fut découverte.

> Peut-on, dans cette phrase et ses analogues, employer indifféremment *que* et l'adverbe *où?*

98. On *oublie* facilement *à* faire ce qu'on ne fait que par routine.

> Pourquoi le verbe *oublier* prend-il la préposition *à?*

99. Rien ne doit faire *oublier* DE remplir ses devoirs.

> Pourquoi le verbe *oublier* prend-il la préposition *de?*

100. On soupçonna César d'avoir *participé* A la conjuration de Catilina.

> Pourquoi *participer* prend-il la préposition *à?*

101. L'amiante *participe du* végétal et *du* minéral.

> Pourquoi *participer* prend-il ici la préposition *de?*

102. Joseph, après avoir fait cacher une coupe dans le sac de Benjamin, *se plaignit qu'*on la lui eût dérobée.

> Pourquoi ne faut-il pas dire : *se plaignit de ce qu'on la lui avait dérobée?*

103. On fait toujours mieux *ce qui plaît* que ce qui ennuie.

> Pourquoi emploie-t-on *ce qui plaît*, et non *ce qu'il plaît?*

104. Certaines gens ne peuvent se soumettre à aucune contrainte, et veulent faire tout *ce qu'il* leur *plaît.*

> Pourquoi dit-on *ce qu'il leur plaît*, et non *ce qui leur plaît?*

105. Ce sont des femmes et des enfants que l'on emploie à *plier* les journaux.

> Pourquoi emploie-t-on *plier*, et non *ployer?*

106. Le maréchal de Saxe *ployait* entre ses doigts un écu de six livres.

> Pourquoi dit-on *ployait*, et non pas *pliait?*

107. Xerxès voulait que tout *ployât* ou *pliât* sous sa volonté.

> Pourquoi, dans cette phrase, peut-on employer, indifféremment *ployer* et *plier?*

9

108. *Près de* mourir, Auguste dit à ceux qui l'entouraient : La pièce est jouée, applaudissez !

Pourquoi faut-il dire : *près de mourir*, et non *prêt à mourir?*

109. Les personnes obligeantes sont toujours *prêtes à* rendre service.

Pourquoi emploie-t-on *prêt à*, et non *près de?*

110. Le fleuve des Amazones a *plus de* mille lieues de parcours.

Pourquoi ne faut-il pas employer l'adverbe *mieux* au lieu de l'adverbe *plus?*

111. ... Un fripon d'enfant (cet âge est sans pitié)
Prit sa fronde, et du coup tua *plus d'à moitié*
La volatile malheureuse.

Pourquoi ne faut-il pas dire : *plus qu'à moitié?*

112. Plus d'un poète français *s'est exercé* dans le genre épique, mais aucun n'a égalé Homère ni Virgile.

Pourquoi met-on au singulier le verbe *s'exercer?*

113. Plus d'un peuple *se sont ruinés* réciproquement avait une en se faisant la guerre.

Pourquoi faut-il mettre le verbe au pluriel, quoiqu'il soit précédé de *plus d'un?*

114. Thémistocle *se rappelait toutes les choses* qu'il fois vues ou entendu dire.

Pourquoi ne faut-il pas dire : *se rappelait DE toutes* les choses, etc.?

115. Les animaux qu'on enferme dans les ménageries *se rappellent* toujours *d'avoir* été libres, et meurent d'ennui.

Pourquoi *se rappellent* est-il suivi de la préposition *de?*

116. Les mœurs des Orientaux n'*ont* aucun *rapport avec* les nôtres.

Pourquoi *avoir rapport* prend-il *avec?*

117. Les Verrines de Cicéron *ont rapport aux* dilapidations de Verrès en Sicile.

Pourquoi *avoir rapport* prend-il *à?*

118. Si l'on *retranchait de* beaucoup de discours toutes les phrases sonores, mais dépourvues de sens, qu'en reste-rait-il?

Pourquoi le verbe *retrancher* prend-il *de?*

119. Quelquefois, par punition, on *retranche aux* matelots leur ration d'eau-de-vie.

Pourquoi le verbe *retrancher* prend-il *à?*

120. Depuis Charlemagne, Napoléon seul *réunit* sur sa tête *la couronne de France* ET *celle d'Italie.*

Pourquoi le verbe *réunir* est-il suivi de *et?*

121. Le cheval *unit* la grâce *à* la force.

Pourquoi le verbe *unir* est-il suivi de *à?*

122. Crésus demandait à Solon s'il avait *rien* vu de plus magnifique que sa cour.

Pourquoi *rien* est-il employé sans négation?

123. Je ne sais qu'une chose, disait Socrate, c'est que je *ne sais rien.*

Pourquoi *rien* veut-il ici la négation?

124. Les plus beaux livres de l'Énéide sont le *deuxième* le quatrième et le sixième.

Pourrait-on dire ici *le second* aussi bien que *le deuxième?*

125. Des deux volumes de cet ouvrage, je ne possède que *le second.*

Pourquoi faut-il dire *le second*, et non pas *le deuxième?*

126. Les plus belles assurances d'amitié *ne servent de rien* si les actes démentent les paroles.

Pourquoi faut-il dire ne *servent de rien*, et non ne *servent à rien?*

127. Les bons conseils *ne servent à rien* tant que les passions nous aveuglent.

Pourquoi faut-il dire *ne servent à rien*, et non ne *servent de rien?*

128. Alexandre *s'occupait* d'affermir sa conquête, quand la mort l'empêcha d'exécuter ses projets.

Pourquoi le verbe *s'occuper* est-il suivi de la préposition *à*?

129. Fabricius *s'occupait à* faire *cuire* des légumes dans un vase de terre, quand les ambassadeurs samnites vinrent le trouver.

Pourquoi le verbe *s'occuper* est-il suivi de la préposition *de*?

130. *Soit* qu'il livre des batailles, *soit* qu'il les raconte; ou bien : *Soit* qu'il livre des batailles *ou* qu'il les raconte, César conserve sa supériorité.

Pourquoi ne faut-il pas dire : *soit* qu'il livre...., ou *soit* qu'il les raconte?

131. *Soit* conviction, *soit* politique; ou bien : *Soit* conviction *ou* politique, tous les petits princes d'Allemagne embrassèrent la religion réformée.

Pourquoi ne faut-il pas : *soit conviction ou soit politique*?

132. Quand on lit les anciennes inscriptions, il faut savoir *suppléer les lettres* effacées.

Pourquoi *suppléer* exige-t-il un complément direct?

133. Les aveugles *suppléent au* sens de la vue par le toucher.

Pourquoi *suppléer* demande-t-il la préposition *à* pour complément?

134. On nomme jurés supplémentaires ceux que le sort désigne pour *suppléer les jurés* manquants.

Pourquoi ne faut-il pas dire : *suppléer aux jurés*, etc.?

135. Le courage et la discipline peuvent tenir lieu du nombre, *témoin* les victoires des Macédoniens sur les Perses.

Pourquoi *témoin* reste-t-il invariable?

136. Sinon prenait les dieux *à témoin* de l'injustice des Grecs.

Pourquoi *témoin* reste-t-il également invariable?

137. Dans les mariages on prend toujours quatre personnes *pour témoins*.

Pourquoi *témoins* prend-il ici la marque du pluriel ?

138. Dans le vide, une plume et un morceau de plomb *tombent à* terre avec la même vitesse.

Pourquoi faut-il dire : *tomber* a .terre, et non pas *tombent par terre?*

139. Scipion *étant tombé par terre* en arrivant en Afrique, s'écria : Afrique, je te tiens !

Pourquoi faut-il dire : *étant tombé* par *terre*, et non pas *étant tombé à terre?*

140. *Toute autre* place que la première paraissait à César indigne de lui.

Pourquoi *toute* suivi de *autre* s'accorde-t-il ?

141. L'empire britannique a une *tout autre* organisation que la France.

Pourquoi *tout* suivi de *autre* reste-il invariable ?

142. Moscou était *tout en flamme* quand les Français l'évacuèrent.

Pourquoi *tout* est-il invariable ?

143. Que de gens sont *tout* feu quand ils commencent.

Pourquoi *tout* est-il également invariable?

144. *Tout* grand génie *qu'il était,* Newton tenta en vain d'expliquer l'Apocalypse.

Pourquoi le verbe *être* est-il à l'indicatif, et non au subjonctif?

145. Démosthène et Cicéron firent *tous les deux*, comme orateurs, l'admiration de leur siècle.

Pourquoi faut-il dire *tous les deux*, et non pas *tous deux?*

146. Paul et Virginie se promenaient *tous deux* en se tenant par la main.

Pourquoi faut-il dire *tous deux*, et non *tous les deux?*

147. C'est *un des Médicis* qui *fut* pape sous le nom de Léon X.

Pourquoi *fut* est-il au singulier après *un des?*

148. La bataille de Sens est *une de celles* qui *ont* illustré le grand Condé.

Pourquoi le verbe *illustrer* est-il au pluriel après *une de?*

149. Il est question depuis longtemps de percer l'isthme de Panama pour *unir* l'océan Atlantique *au* grand Océan (ou *avec* le grand Océan).

Les prépositions *à, avec* sont-elles également usitées après *unir?*

150. Le boa n'est pas *venimeux;* il n'est dangereux que par sa force prodigieuse.

Dans quel cas faut-il employer l'adjectif *venimeux?*

151. La plupart des champignons sont *vénéneux.*
Dans quel cas emploie-t-on l'adjectif *vénéneux?*

152. La taupe a les yeux si petits, qu'on a cru longtemps qu'elle *ne voyait* pas.

Pourquoi ne faut-il pas dire : *qu'elle n'y voyait pas?*

153. Ce souterrain est si peu profond, qu'on y *voit* en plein jour.

Pourquoi l'emploi de y avec le verbe voit est-il correct?

FIN.

TABLE.

—

.NOUVEAU

DICTIONNAIRE

DE LA

LANGUE FRANÇAISE,

DANS LEQUEL ON TROUVE

Les étymologies, la prononciation, des définitions claires et précises, toutes les acceptions propres et figurées des mots, avec l'indication de leur emploi dans les différents genres de styles, et des exemples tirés de nos meilleurs écrivains ; les termes propres aux sciences, aux arts et aux manufactures ; un vocabulaire géographique ; les synonymes ; la conjugaison de tous les verbes irréguliers, et des verbes réguliers qui peuvent embarrasser ; le pluriel des substantifs composés ou dérivés des langues étrangères, etc., etc.

AVEC

La solution de toutes les difficultés que présente notre Langue.

PAR M. NOËL,

INSPECTEUR-GÉNÉRAL DE L'UNIVERSITÉ, CHEV. DE LA LÉGION-D'HONNEUR,

ET M. CHAPSAL,

PROFESSEUR DE GRAMMAIRE GÉNÉRALE.

Ouvrage mis au rang des Livres Classiques par le Conseil Royal de l'Université, et adopté pour les Écoles militaires et pour la Maison Nationale de Saint-Denis.

DOUZIÈME ÉDITION,

REVUE AVEC LE PLUS GRAND SOIN ET CONSIDÉRABLEMENT AUGMENTÉE.

Un Vol. grand in-8°. Prix : 8 francs.

PROSPECTUS.

On désirait depuis longtemps un Dictionnaire de la langue française qui, dans le cadre resserré d'un seul volume in-8°, pût suppléer aux dictionnaires de l'Académie, de Laveaux, de Boiste, de Gattel, etc., peu propres par leur format ou leur étendue à être mis entre les mains de la jeunesse ou des gens du monde, et d'ailleurs d'une acquisition coûteuse.

Celui qu'on annonce aujourd'hui a-t-il résolu ce problème? c'est ce qu'on ne saurait révoquer en doute si l'on considère que le *Nouveau Dictionnaire* de la langue française a été adopté pour les *Colléges*, pour les *Écoles militaires* et pour la *Maison nationale* de Saint-Denis. Ces suffrages honorables ont été sanctionnés par le public : onze éditions, tirées à très grand nombre, ont été vendues dans l'espace de quelques années.

Peu de lignes suffiront pour faire connaître le plan que les auteurs se sont tracé.

D'abord ils se sont imposé la loi de n'omettre aucun des mots qui se trouvent dans les lexiques antérieurs, et d'en donner soigneusement la prononciation et l'étymologie.

Quant aux définitions, ils ne se sont pas bornés à transcrire servilement celles de leurs devanciers; toutes les fois qu'il s'en est présenté, soit à leurs recherches, soit à leurs méditations, qui leur ont paru plus justes, plus claires, plus précises, ils n'ont pas hésité à les adopter: et l'on sent combien cette justesse, cette clarté, cette précision sont propres à faire contracter insensiblement à l'esprit l'habitude d'une logique pratique, sans le rebuter par l'appareil dogmatique de la science.

De nombreux exemples, tirés des écrivains des deux derniers siècles, viennent à l'appui des définitions, et justifient non seulement les acceptions tranchantes, mais encore les nuances les plus délicates, les sens détournés, les tours neufs, les alliances de mots, les hardiesses heureuses, etc., etc. Ces exemples n'ont pas été pris au hasard, on a fait en sorte qu'ils présentassent une leçon de religion ou de morale, rappelassent un trait historique, ou continssent quelque instruction.

Les auteurs n'ont point exclu les mots nouveaux, fruits des progrès de l'esprit humain et de la civilisation ; mais ils ont cru devoir adopter principalement ceux dont il leur a semblé que la langue ne peut plus se passer, soit parce qu'ils sont impérieusement réclamés par la pensée, soit parce qu'ils sont autorisés par l'usage qu'en ont fait les bons écrivains. Ils sont signalés à l'attention du lecteur par cette abréviation : *m. nouv.* (mot nouveau).

Aux mots de la langue usuelle, oratoire ou poétique, les auteurs ont joint le plus grand nombre possible de termes de sciences, d'arts et de métiers. Dans cette partie de leur travail est comprise une nomenclature géographique extrêmement étendue, et dans laquelle, outre tout ce qui a rapport à la géographie de la France, se trouvent les grandes divisions du Globe, les noms des provinces, des montagnes, des capitales et des villes importantes des états de l'Europe et des autres parties du monde.

L'orthographe généralement suivie dans ce Dictionnaire est celle de l'Académie, cette société pouvant seule faire autorité à cet égard.

Pour donner à leur ouvrage un genre d'utilité qu'on chercherait vainement dans les autres Dictionnaires, MM. Noël et Chapsal ont cru devoir y joindre, dans l'ordre alphabétique, et à la suite de chaque mot qu'ils concernent :

1° Le pluriel des substantifs composés et des substantifs dérivés des langues étrangères ;

2° La conjugaison de tous les verbes irréguliers, et des verbes réguliers qui peuvent embarrasser ;

3° Les synonymes ;

4° Toutes les règles données par nos plus habiles grammairiens, sur la place, l'accord et la construction des mots ;

5° Des remarques sur notre langue, ces observations fines et délicates disséminées dans Vaugelas, Bouhours, Voltaire, la Harpe, Marmontel, etc.

L'ensemble de ces règles et de ces remarques présente la *solution de toutes les difficultés qu'offre notre langue*, et donne au Dictionnaire de MM. Noël et Chapsal le mérite de remplacer, avec avantage, le Dictionnaire des difficultés de Laveaux, la Grammaire des Grammaires, le Dictionnaire des Synonymes et une multitude d'autres ouvrages estimables, presque toujours volumineux et d'un prix élevé.

Au moyen de cette addition importante, le *Nouveau Dictionnaire* de MM. Noël et Chapsal embrasse tout ce qui concerne l'art d'écrire et de parler notre langue ; et, sous ce rapport, il devient un livre indispensable, non seulement pour ceux qui ne savent pas, mais encore pour les gens du monde, pour l'homme de cabinet, pour l'écrivain, pour l'orateur qu'un doute arrête, qu'une difficulté embarrasse, enfin pour tous les Français jaloux de connaître à fond le génie et les principes de notre langue.

PARIS,

MAIRE-NYON, Libraire, quai Conti, n° 13.
RORET, Libraire, rue Hautefeuille, n° 12.
DELALAIN, Libraire, rue des Mathurins-Saint-Jacques.
HACHETTE, Libraire, rue Pierre-Sarrazin, 12.

Paris. — Imprimerie de L. MARTINET, rue Mignon, 2.

CHAPSAL ET RENDU.

MÉTHODE POUR FAIRE L'APPLICATION
DES PRINCIPES DE LA GRAMMAIRE.

CHAPSAL ET RENDU.

MÉTHODE POUR FAIRE L'APPLICATION
DES PRINCIPES DE LA GRAMMAIRE.

CHAPSAL ET RENDU.

MÉTHODE POUR FAIRE L'APPLICATION
DES PRINCIPES DE LA GRAMMAIRE.

CHAPSAL ET RENDU.

MÉTHODE POUR FAIRE L'APPLICATION
DES PRINCIPES DE LA GRAMMAIRE.

www.ingramcontent.com/pod-product-compliance
Lightning Source LLC
Chambersburg PA
CBHW071945090426
42740CB00011B/1825